# 2020法治观察

## 第二辑

法制网舆情监测中心

周秉键 ◎ 主编

中国民主法制出版社

**图书在版编目（CIP）数据**

2020 法治观察 . 第二辑 / 周秉键主编 .—北京：中国民主法制出版社，2021.6

ISBN 978-7-5162-2597-4

Ⅰ . ① 2… Ⅱ . ①周… Ⅲ . ①社会主义法治—建设—中国—文集 Ⅳ . ① D920.0-53

中国版本图书馆 CIP 数据核字（2021）第 087857 号

**图书出品人：** 刘海涛
**出 版 统 筹：** 乔先彪
**责 任 编 辑：** 庞贺鑫

---

**书名** / 2020 法治观察（第二辑）
**作者** / 周秉键　主编

---

**出版 · 发行** / 中国民主法制出版社
**地址** / 北京市丰台区玉林里 7 号（100069）
**电话** /（010）63055259（总编室）　63058068　63057714（营销中心）
**传真** /（010）63055259
http://www.npcpub.com
E-mail：mzfz@npcpub.com
**经销** / 新华书店
**开本** / 16 开　710 毫米 ×1000 毫米
**印张** / 14.5　**字数** / 205 千字
**版本** / 2021 年 6 月第 1 版　2021 年 6 月第 1 次印刷
**印刷** / 北京天宇万达印刷有限公司

---

**书号** / ISBN 978-7-5162-2597-4
**定价** / 40.00 元

## 本书编委会

**主　编**　周秉键

**副主编**　万学忠　付　萌

**顾　问**　李宝柱

**主要撰稿人**

彭晓月　王　媛　王　灿　车海星

车智良　张　娇　周　容　李天宝

胡　堃　王　淳

# 序言
# PREFACE

本书是《2020法治观察》系列书籍第二辑，集纳法制网舆情监测中心2020年8月至12月的研究成果。

2020年下半年，法治建设开启新篇章。2020年11月16日至17日召开的中央全面依法治国工作会议，明确了习近平法治思想在全面依法治国中的指导地位，对于我国社会主义法治建设进程具有重大现实意义和深远历史意义。刑法修正案（十一）审议通过，未成年人保护法、预防未成年人犯罪法通过修订，平台经济领域反垄断指南开始征求意见等立法动态，高度对接和回应了公众的期待和需求，受到社会各界广泛关注，引发热烈讨论。围绕疫情防控与经济社会发展，全国政法机关始终奋斗在第一线，切实履行职能，依法开展防控、查处办理涉疫违法犯罪案件，助力全国抗疫斗争。与此同时，政法机关扫黑除恶收官之战、政法队伍教育整顿试点工作、推进更高水平平安中国建设、开展市域社会治理现代化试点等多项任务同步推进，阶段性成效显著。

法治热点方面，主要表现出以下三点特征：一是网络生态更加复杂，反转新闻多发，民生事件转化成热点事件的趋势明显，小事件常常迅速发酵成大爆点，如性骚扰、网络造谣等；二是随着法治建设纵深推进，人民群众对公平正义的期待和要求之高前所未有，针对多地曝光的执法司法违规违法案件、低龄未成年人犯罪问题，公众对完善制度与法律呼声甚高；

三是热点事件表现形式更加多变，突发恶性犯罪和涉疫违法犯罪行为增多，随着国内零星散发病例和局部疫情出现，妨害疫情防控、泄露涉疫个人信息等类型的事件频发，充分考验各级政法机关的快速反应和依法处置能力。

本书所呈现的热点案例时刻提醒政法机关，必须正视当前的网络生态，学会在全民关注下开展执法司法工作，依法依规妥处每一起案（事）件，确保牢牢掌控公共舆论引导的主动权。法制网舆情监测中心将一如既往，观察、研判舆论场，为政法机关妥善处置、正确应对提供参考。

鉴于网络热点事件的产生、发酵、消遁是一个动态过程，对于本书内容，我们特作如下说明：

第一，《法治观察》为系列丛书，定期出版。对于书中的个案，我们的观察周期一般为 7 日，如后续舆情出现新变化，我们将通过案例追踪的形式再次呈现。因此，相关分析受特定时间周期限制，并非盖棺论定。

第二，《法治观察》研究对象及素材主要源于网络公开信息，内部非公开资料不在分析、研究范围内。

第三，《法治观察》秉持客观、中立的写作原则。由于分析、研判均依据开源情报，难免有不当之处，望读者不吝指正。

联系方式：邮箱 fazhiwangvip@163.com，电话（010）84772882

法制网舆情监测中心

2020 年 12 月

# 目录
CONTENTS

## 类型研究


1 网络舆论反转现象研究 003

2 公共形象修复的四种策略 011

3 网络短视频造假现象研究 015

4 失联事件的特征分析及应对建议 023

5 突发恶性案件的传播特点和引导要点 029

6 判罚争议类案件研究 038

7 高校热点事件中的涉法风险及应对建议 044

8 浅析动物保护热点事件的发酵模式及风险 051


## 趋势研究


1 近期影响经济社会稳定的四类风险解析 059

2 2020 年第三季度政法机关舆情应对能力摘星榜 063


## 案例分析


1 杭州警方处置失踪女子遇害案 089

2 张玉环再审改判无罪案 098
3 全民围观下的庭审公开风险——谭松韵母亲被撞身亡案研究 104
4 外卖员安全问题频发　公众聚焦三大话题 112
5 “鲍某某案”真相大白　官方有序引导巩固处置成效 118
6 北京六单位通报郭文思减刑案　充分引导获社会肯定 125
7 四川“拉姆案”研究 131
8 山东方洋洋案研究 139
9 张桂梅事件传播分析 147
10 北京便衣民警闪现地铁抓猥亵者　舆论盛赞“天降正义” 151
11 深圳餐厅“下药”事件发酵　检方回应“存疑不捕” 153
12 热门普法案例被指编造　普法宣传如何规避风险 155
13 重庆城管追打女店主后被砍伤　警方认定正当防卫获认可 157
14 广东虚假亲子鉴定事件引爆舆论　官方“三步走”平息质疑 159
15 北京“男子别车泼咖啡案”宣判　处置部门有序引导 161
16 黑龙江男子炫耀“包养幼女”惹众怒　警方及时处置 164
17 河南“玛莎拉蒂案”一审宣判　法院主动回应平息疑问 166
18 “打工人”“出圈”背后的现实困境 169
19 政务官微运营“三忌” 172

## 政策评估与工作反响

1 十三届全国人大常委会第二十一次会议聚焦多项热点法治议题 177
2 我国拟立法制止餐饮浪费掀起网络热议 182
3 民间借贷利率新规引发高度关注 184
4 “两高一部”发布正当防卫认定新规 188

5 平台经济反垄断新规出台　各界热议“强监管”时代 192

## 域外观察

1 美国拟推出“经济繁荣网络”计划 199
2 欧美数字贸易规则博弈加剧 201
3 多国扩张数据法域外适用 203
4 太空互联网安全：“星链”计划的战略谋划 206
5 2020 年美国大选“法律战”分析 210
6 解密美国如何利用社交媒体操纵政治选举 214

《政法舆情》产品升级说明 218

# 类型研究

F A Z H I G U A N C H A

# 1

# 网络舆论反转现象研究

**编者按：**“后真相时代”的到来，使得反转新闻成为网络常态，引起多个学科领域的注意。在新闻传播学领域，新闻反转事件是指媒体最初报道的新闻向相反方向转变，随着报道不断深入，事件真相被更加客观全面地呈现，受众的立场急剧逆转，舆论表现出与之前截然相反的新闻现象。新闻反转包括两个层次，一个是新闻事实层面的反转，一个是舆论态度层面的逆转。舆论反转也就是舆情反转，即主流舆论或多数意见向相反方向的倾斜，使得舆情表达最终发生逆转。近段时间以来，多起反转事件令人印象深刻，尤其是在政法领域，一些事件在爆发初期就明确指向政法机关，引发公信危机。尽管权威调查很快还原事件真相，但反转事件严重消耗社会善意，搅乱正常讨论秩序，不仅造成社会舆论撕裂，还导致群体极化现象加剧，影响网络舆论生态健康发展，需要进一步引起警惕和重视。法制网舆情监测中心通过梳理2020年5—8月发生在政法领域的10起热门反转舆情，分析其成因与特征，并提出应对建议，为各地政法机关了解和掌握网络舆论生态提供参考。

## 【舆情综述】

**近期涉法舆情反转事件概况**

| 发酵时间 | 事件内容 | 信息源头 | 主要发酵平台 | 舆情类型 | 虚假程度 | 反转时间 | 反转主体 | 传播效果 |
|---|---|---|---|---|---|---|---|---|
| 5月30日 | 广州家长编造“教师体罚小学生致吐血”事件 | 微博 | 微博、微信 | 社会话题 | 完全失实 | 19小时 | 广州警方 | 平息 |
| 6月9日 | 南京女子利用航班延误骗保300万元被刑拘事件 | 电视台 | 微博 | 政法案件 | 部分失实 | 3天 | 南京鼓楼警方 | 平息 |

续表

| 发酵时间 | 事件内容 | 信息源头 | 主要发酵平台 | 舆情类型 | 虚假程度 | 反转时间 | 反转主体 | 传播效果 |
|---|---|---|---|---|---|---|---|---|
| 6 月 11 日 | 郑州“滴滴司机性侵直播”事件 | 地下直播 App | 微博 | 政法案件 | 完全失实 | 27 小时 | 郑州警方 | 平息 |
| 6 月 23 日 | 演员牛萌萌吸毒事件 | 微博 | 微博 | 政法案件 | 完全失实 | 23 小时 | 北京大兴警方 | 平息 |
| 6 月 30 日 | 腾讯老干妈乌龙合同事件 | 法院官网 | 微博 | 政法案件 | 部分失实 | 24 小时 | 贵州警方 | 高热度传播 |
| 7 月 2 日 | 山东苟晶被冒名顶替事件 | 微博 | 微博、微信、短视频 | 社会话题 | 部分失实 | 12 天 | 联合调查组 | 高热度传播 |
| 7 月 10 日 | 昆明一超市员工抓小偷被刑拘事件 | 媒体 | 微博 | 政法案件 | 部分失实 | 2 天 | 昆明检方 | 平息 |
| 7 月 17 日 | 南京“大学生偷外卖被刑拘”事件 | 电视台 | 微博、微信、短视频 | 政法案件 | 完全失实 | 3 天 | 南京警方 | 平息 |
| 8 月 29 日 | 重庆罗冠军“性侵”事件 | 微博 | 微博 | 政法案件 | 完全失实 | 5 天 | 网络自净 | 高热度传播 |
| 8 月 31 日 | 谭松韵母亲被撞亡案 | 微博 | 微博 | 政法案件 | 完全失实 | 12 小时 | 网络自净 | 高热度传播 |

法制网舆情监测中心通过案例梳理发现，反转舆情事件具有很多相似之处，如击中社会痛点问题、涉及公权力部门等，这些因素既是舆情能够发酵的动因，也是刺激舆情反转的关键。一旦官方介入调查或者舆论循着疑点深挖，事实真相得以澄清，舆论自然发生逆转。

1. 反转舆情发酵与社会情绪累积有关

大量舆情案例表明，情感表达和宣泄是网络舆情爆发的核心因素，换句话说，反转舆情能够发酵，与舆论场中某种集体情绪累积有关，当一个符合特征的事件发生后，舆论情绪就找到了突破和宣泄口。这些情绪包括对社会现象的偏见、对社会群体的刻板印象以及对社会问题的忧虑等，经过信息发布者或者传播者渲染、放大，激起公众的同情心和正义感，使得个体事件迅速发酵成为激烈的网络舆情。

在样本中能够找到不少这类案例。如网传“滴滴司机性侵直播”事件引发关注的背后，折射出的是公众对网约车司机犯罪多发的恐慌。山东苟晶被冒名顶替上学事件中，“学霸”“女生”“农村”等一系列标签串联起来，戳中农村女生生存困境这一社会现实。相似的还有南京“大学生偷外卖被刑拘”事件，“贫困大学生靠偷外卖糊口”情节引发一众网民同情，甚至有自媒体将矛头引向政府部门，质疑教育机构“不作为”、公安机关“乱作为”。更为典型的表现是在谭松韵母亲被撞亡一案中，酒驾致人死亡这类案件一直与公众认知存在较大差距，与受害一方遭受的损失相比，过失因素使得肇事者不会被重判，赔偿结果也很少令人满意，司法机关常常受到舆论指责。尤其是该案衍生出的“公职人员徇私枉法”疑云，契合了公众对“县城江湖”错综复杂关系网的想象，因此，“连一个有钱有名的明星为自己维权都这么难，那我们平凡人呢”这类声音才能唤起多数人的情感共鸣，催生出更多的愤怒情绪。

2.“信息差”为虚假信息传播扩散提供空间

移动互联技术的不断更新迭代，进一步加快了网络去中心化的速度，在“人人都有麦克风”的情况下，旁观者与事实真相之间除了天然的物理间隔，还横隔着巨大的“信息差”。网络信息有几分真、几分假，哪里真、哪里假，除了当事人清楚，公众和官方机构都需要花费时间和精力去查证。并非所有的反转事件都是完全编造虚构的，那些在部分真实的基础上掺杂谎言的事件更具有迷惑性。筛选信息、辨伪求真的传统媒体，在自媒体崛起和流量冲击下，其重要性被不断弱化，“把关人”缺失导致虚假信息泛滥。经验表明，当舆论场中只有当事一方的陈述或者利益相关方的声音时，舆论存在很大的被误导可能。

上文提到的反转案例里面多数都有一方声音独大的情况。例如，广州“教师体罚小学生致吐血”谣言事件由家长在网上发帖控诉，并配发大量“血衣”照片；山东苟晶被冒名顶替事件中，苟晶本人频繁接受采访，在社交媒体和短视频平台“放料”为自己树立“人设”；重庆罗冠军“性侵”事件由一篇微博文章《爱你，才要强暴你》引爆舆论场，涉事双方在网上“打口水仗”，连警方已经介入、法院正在审理等进展都是由涉事者曝出；

演员牛萌萌被媒体曝光吸毒事件中，其本人连续两次发文否认并斥责“假新闻”，还晒出自己直播截图“证明清白”。作为“当事者”“亲历者”“在场者”，在音视频、图片加持下，这些来自现场的画面和声音总能轻易吸引网民注意，借助网络传播的迅捷与便利，进而形成巨大的舆论力量，席卷更多网民加入。

3. 舆情反转的两种路径

从上面的原因分析切入可以发现，舆情从发酵到反转一般遵循以下两条路径：其一，“舆情发酵—官方介入—澄清事实—舆论反转”。一旦舆论热度上扬，事件很快就进入官方机构视线，当官方介入调查还原真相后，该事件很快就会在事实和舆论层面实现反转。其二，“舆情发酵—网民质疑—网络自净—舆论反转”。有一类事件在曝光初期就引起了部分网民怀疑，经过专业人士考证、权威媒体调查，真相逐渐浮出水面，舆论也随之反转。如罗冠军“性侵”事件和谭松韵母亲被撞亡案主要依赖舆论实现反转，这种舆情反转是舆论场对虚假新闻的一种正常反应，是网络自净功能的具体体现。

还有不少情况下，两种反转路径交替进行，最终由官方调查通报定性定调，形成完整闭环。但有时候舆情并没有随着舆论反转而平息，以澄清后 7 天内的网络讨论情况来看，仍然有部分案件以较高热度继续传播，衍生出“长尾效应”。

## 【舆情解析】

法制网舆情监测中心研究发现，近期的反转舆情相较于其他高热舆情类型，在发酵、扩散方面呈现出新的特征和趋势，需要引起有关部门注意。

1. 雇请网络“水军”炒作热度

为了增加网络关注度，一些爆料者打起了网络“水军”的主意，通过操纵“水军”营造出超高的转发量，吸引更多网民关注。广州一家长编造“教师体罚小学生致吐血”事件中，该家长通过操纵网络“水军”转发，很快撬动微博“大V”跨圈层的传播，最终达到“100万+”的转发量。另据网民爆料，该家长还通过一个小号伪装成另一位受害者家长，曝光涉事老师的手机号码，并且煽动网民对涉事教师进行网络暴力。后经警方调查证实，该家长雇请“水军”进行网络炒作，以达到开除老师、索要赔偿等目的，目前因涉嫌寻衅滋事被刑拘。在罗冠军“性侵”事件中，有网民发现涉事双方都存在买“水军”互黑煽动网络情绪的嫌疑，尤其是“受害者”梁颖还自曝花费十余万元请“水军”炒作话题热度。网络“水军”带来的网络暴力、造谣传谣、舆论断案等问题，对正常网络秩序和社会生活造成冲击，如谭松韵母亲被撞亡案公诉人被指“业务能力差”“偏袒被告人”而遭到网民投诉和人肉，亟须纳入网络治理范畴。

2. 自媒体带偏舆情焦点

一条以维权为诉求的网络信息如何掀起舆情风浪？自媒体在其中发挥着重要推动作用。主要表现在两个方面：一是带动热度，这在数据上有着比较直观的体现。谭松韵母亲被撞亡案庭审当晚，“@谭松韵后援团”就整理出了一份庭审总结，提出“证据缺失”“原告律师多次被打断”等疑点，转发量当天逼近20万人次。梁颖的微博长文在“@上网害人”“@重庆文娱资讯”“@作家陈岚”等“大V”的推波助澜下，不到一天就获得了近44万转发量。大量转发微博以情感宣泄为主，导致信息传播更加碎片化、情绪化。二是恶意营销，煽动情绪。南京“大学生偷外卖被刑拘”事件中，部分营销号自媒体抛出“大学生偷饭是全社会的耻辱”等荒谬说法，将此事歪曲放大为社会问题、制度问题；谭松韵母亲被撞亡案庭审后，有自媒体发文揣测谭松韵“没有打点小地方的公检法”“没能放下架子陪老男人们喝顿大酒说几个黄段子”，还有人大呼“明星维权尚且如此艰难，草民更没活路”。这类声音抢夺网民关注力，使得公众讨论焦点偏离个案本身，不利于舆情各方主体之间的良性互动，甚至还会发酵成针对政法机关的舆论攻击。

3.“意见领袖”作用被弱化

在“后真相时代”，算法推荐和“信息茧房”效应加剧了虚假信息的泛滥，使得人们倾向于相信首先接触到的信息，并且有意或无意地带入情感偏向，因此舆论对真实信息的接受程度就决定了舆情最终走向。相较于自媒体在舆情发酵中起到的推力，“意见领袖”在舆情反转阶段被弱化了很多。如广州家长造谣教师体罚学生事件发酵初期，很多有医学背景的科普博主就表示过质疑，如认为哮喘不会导致吐血、衣服上血迹颜色“过于鲜艳”、病历处方等证据不足以支撑家长说法等，但这些理性质疑却未得到重视，甚至有不少人被愤怒裹挟的网民痛骂到“封口”。谭松韵母亲被撞亡案从庭审开始到结束，大量转发过万的微博在网上沸沸扬扬，自媒体博主“@冬亚”对整个庭审视频进行了整理，用庭审实录反驳了网传的诸多疑点，但该微博的转发量不到 7 万，不足“@谭松韵后援团”微博的三分之一，其本人也遭到大量网民攻击。这意味着，即便是舆论出现了反转，要想扭转多数人的偏见与误解，还需要更多部门或机构发声，才能形成更强大的引导合力。

## 【处置建议】

反转舆情通常会带来“多输”结果，包括反转前虚假信息甚嚣尘上给当事人造成巨大伤害，反转后媒体公信力丧失、社会信任被消耗以及网络舆论环境恶化。在涉法舆情中，反转舆情还会让政法机关“背锅”，使其饱受舆论追打，执法司法权威备受冲击。此外，更多舆论还担心，“狼来了”式的反转舆情频发，导致人们“缄默”，不但会淹没了那些真正需要帮助之人的求助，还会打击网民探寻真相的积极性、打消公众对公共事务的关注热情。目前，针对媒体、网民如何面对反转新闻，避免成为“不知情的转发者”，学者和研究人员提出相应建议，如新闻媒体应坚守新闻专业主义，客观报道；公众要增强媒介素养，理性批判。具体到涉法舆情领域，法制网舆情监测中心提出以下三点建议，供政法机关参考。

1. 加大处置引导力度，提升舆情工作效能

涉政法舆情事件中，舆情多数发酵在微博平台，介入调查的主体多为公安机关，个别涉及时间和部门跨度较大的重大事件则由官方组成的联合调查组进行调查。其中近半事件在一天之内反转，可见官方调查对舆情反转具有明显的决定作用。如牛萌萌吸毒被拘留事件中，媒体、当事人、警方三方轮番发声，舆论也一波三折，最后由处置部门北京大兴公安发布通报，一锤定音，消除舆论场的混乱局面。这些经验表明，对于突发事件，各地政法部门还需快速介入，及时通报调查处置结果，提升舆论引导效果，压缩虚假信息传播的时间和空间。

2. 依法严惩营销炒作，强化警示震慑效果

网络舆论有其不成熟、不理性的地方，一旦喧嚣越线，法律和监管就需补位，依法采取措施规范网络表达，弥补、修复反转舆情带来的社会伤害。广州家长造谣老师体罚学生致吐血事件的当事人因编造虚假信息，已被警方刑拘；2019 年安徽一网民哭诉“自己被人骚扰，报警没人受理”，炒作涉警舆情，2020 年 3 月份已被法院以犯寻衅滋事罪判处有期徒刑一年，缓刑一年。政法机关的有力处置获得舆论认可，但是更多的反转事件以当事人一句道歉收场，当事人并未受到相应的法律惩罚，部分舆论对此大呼不满。网络不是法外之地，像梁颖、罗冠军随意浪费司法资源，“@ 谭松韵后援团”公开造谣，以及日益猖獗的自媒体造谣乱象，这类行为对公共网络秩序造成了严重破坏，应当承担相应的法律责任，政法机关需依法查处，形成警示震慑效果。

3. 规范执法司法活动，树立公众法治预期

网络时代万物互联互通，公众的情感、价值、利益也有了联通的基础，再小众的利益诉求上了网也会引起其他群体的共鸣，更遑论那些能够激起代入感、同情心和共情心理的公共事件。此外，社会事件是一个动态发展过程，媒体报道和舆论认知自然会带有一定局限性，这就意味着舆情反转一定程度上不可避免。因此，政法机关对于涉法反转舆情的治理不能

停留在个案解决层面，也不能以此为借口过度管控舆论、限制网民发声。要想深刻认识反转舆情，需要深入探究舆论现象背后的社会心理，找准问题和痛点，在日常执法司法活动中加强规范化建设，对违法行为要敢于亮剑、严格执法，用公正司法维护守法者的权益，引导公众树立稳定的法治预期，营造出理性的舆论氛围。

（观察时间截至 2020 年 9 月 3 日）

2

# 公共形象修复的四种策略

舆论形象是政府机关和企事业单位重要的无形资产，在社会活动中，良好形象与信誉具有举足轻重的地位。发生舆情危机之后，及时采取措施维护和修复自身形象，是危机管理必不可少的环节。但从实践来看，不少机构面对危机仍然抱有“热回应、冷处理”的心理，寄希望于事态缓和后热度自然冷却，即便部分机构在舆情中应对得当，但往往忽视后期形象修复工作，令整体处置不能圆满闭环，也不利于与社会公众再度建立信任链接。所谓形象修复，是指涉事单位认真面对舆情危机中暴露出的问题，并同步采取纠正行为的策略。在社会高度“媒介化”的当下，网络平台是政府机关或者企业构建形象的主要渠道。法制网舆情监测中心认为，重大舆情危机之后，涉事单位可以通过以下四种策略进行舆论形象修复。

## 一、以实体处置为基础

网络舆情是社会的晴雨表，是现实问题的网络映射。每一起网络舆情事件背后，都有一个具体社会问题的归因。离开了有力的实体处置配合，任何舆情应对技巧都会成为无源之水、无本之木。同时，实体处置也会反过来影响网络舆论走向，实体处置效果越好，网络舆论反映就越好，促成线上线下的良性共振。以线下实体处置实现线上舆论引导的良性联动，是有效应对网络舆情、实现形象修复的关键。例如，2020 年 7 月，吉林省公安厅原常务副厅长贺电撰写的《平安经》在网络走红，该书通篇重复“× × 平安”，引发舆论调侃和热议。事件发酵之后，吉林省委迅速反应，成立高规格调查组进行调查，并于两天之后作出免去贺电职务的决定，阻断舆情扩大态势。这说明官方及时作出实体处置，能起到釜底抽薪的作用，是对政府部门形象修复的根本性措施。

此外，政府部门如果能进一步释放更多信息，则有助于消除舆论“刻板印象”、消解舆情“长尾效应”，快速恢复和重塑涉事机构的舆论形象。比如，在鲍某某被指“性侵养女”事件中，联合调查组详细公布案件调查情况之后，北京市司法局依法吊销鲍某某律师执业证书，公安部决定对其驱逐出境、山东烟台警方依法执行，烟台公安对之前个别办案民警执法不规范等问题责成相关单位认真整改，安徽太和县依法处理了帮助鲍某某“养女”改年龄的 12 名责任人。一连串实体处置措施明显超出公众预期，有效化解了舆论场之前积攒的愤懑之气，对政府形象无疑起到有力的修复作用。

## 二、以情感共鸣寻认同

全媒体技术背景之下，网络舆论场进入“后真相时代”，衍生出“立场态度优先于事实逻辑表达”的问题，网民表达模式常常表现为观点先于事实、情感先于理智。公众在真相认同维度方面，更大程度上依赖情感同频共振。因此，在相同场景下，饱含丰富情感的言论表达更容易激发起舆论共鸣，信息传播也会因为情感共振得以加速。尤其当下的舆论场呈现出更为自由、多元、复杂的特质，这要求涉事机构重视舆论沟通和网民认同的新范式，在进行以形象修复为目标的舆论引导时，注意与公众情感沟通和交流，并将其作为舆论引导的出发点和立足点。

一个典型的案例是孟晚舟事件发生后，华为相关各方的回应。孟晚舟本人在获保释后发的第一条朋友圈称“我以华为为傲，我以祖国为傲”，刷爆各大社交媒体。任正非在接受国内媒体采访时首先表态“感谢党和政府的关心”，并透露已经获得 25 个 5G 商用合同，位列全球第一，表明华为不怕美国及其盟国封锁的硬姿态。华为海思公司总裁何庭波在美国封锁华为的“至暗时刻”给员工内部信中写到，“滔天巨浪方显英雄本色，艰难困苦铸造诺亚方舟”，读来让人热血沸腾、心潮澎湃。尽管遭到连续的国际负面新闻冲击，华为公司形象却得以提升，唤起国内广大网民对祖国的情感共鸣，甚至一段时间还出现“购买华为产品就是爱国”的舆论风尚。

## 三、以仪式感增强观感

舆情事件发生之后，涉事政府部门在推动解决舆论关注问题的过程中，有必要适时营造一定的仪式感，以加深公众对政府积极作为的印象。在网络技术日益发达的今天，网民越来越依赖媒介构建出虚拟环境，在特定舆情事件中，网民通过信息扩散、观点流动和情感互动，彼此之间产生认同感。因此，当有关该事件的文字、图片、视频等信息内容被发布后，能够对参与讨论的网络人群产生强烈心理冲击，间接弥补其无法近距离、实时参与的缺憾。比如，新闻发布会作为与公众最直接的沟通平台，具有隆重的仪式感，能将形象修复策略发挥出显著效用。当部门主政官员、行业专家等站到台前时，他们的形象、行为、语气语调、表达方式都传达出丰富的信息，对于不明真相的公众来说，就是全面感知事件真相的最佳契机。

比如，2020 年 8 月 13 日晚，网上一则《法院闹乌龙，执行公告贴错地址吓坏居家老人》的视频引发网友热议，涉事的江苏连云港市海州区法院根据网络视频反映情况迅速开展核查后，该院派驻纪检组对相关执行人员进行了诫勉谈话和批评教育，法院的书记、院长带领相关人员登门道歉，此举获得了主流舆论的好评。其实，郑重道歉策略在之前“浙江张氏叔侄冤案”“内蒙古呼格吉勒图案”平反时都被使用过，均取得了良好的舆论效果。这说明，在新媒体情景下，政府机关在舆情处置后期，不仅“说得好”，更要“做得好”，让公众看到涉事部门为推动问题解决作出的努力，这样才能最终消除质疑和不信任，树立形象、凝聚人心。

## 四、以正能量淡化舆情

重大舆情事件的背后都有着这样或那样的问题，不可避免地造成负面情绪的发酵和累积，地方政府和相关部门可有针对性地部署重点报道，以正面宣传对冲或淡化舆论的负面情绪。例如，通过媒体议程设置，将公众目光引到对正能量的关注上，使公众认识到此类事件只是例外情况，让公众看到政府部门的日常工作和取得的成果，纠正舆论“一叶障目不见泰山”误解和偏见。这种引导既有助于抚平舆论场中的喧哗浮躁之声，更可以与社会公众建立良好的关系，调动社会力量，激发公众情感的理解和认同。如在武汉疫情防控期间，网络流传“垃圾车运肉”“天价蔬菜”等图片，引发民众的恐慌和不满。随后，当地发动媒体对武汉居民“菜篮子”工程进行广泛报道，介绍武汉市积极拓宽渠道、提高供应总量、全力保障市民生活需求的新闻被大量转发，这些正面宣传报道很快驱散了负面情绪。

此外，针对一些共性、热点甚至敏感问题，政府部门除了在释疑解惑上下足功夫，还要及时发出好声音，通过讲述一个个生动案例，让好故事成为舆论热议话题。如贵州省桐梓县七二村曾是远近闻名的犯罪“窝点”，该村“公路飞虎队”“劫道班”敲诈勒索犯罪行为猖獗。之后，该村通过狠抓法治建设和普法教育，变成了“贵州省十佳法治文化阵地”“全国民主法治示范村”。相关事迹引起各大中央重点新闻媒体的关注，经过大力宣传，已经成为法治乡村建设实现形象转变的典型案例。

（观察时间截至 2020 年 11 月 5 日）

3

# 网络短视频造假现象研究

**编者按：**当前，我国互联网已经进入短视频时代，短视频用户持续快速增长。2020 年 9 月 29 日，中国互联网络信息中心（CNNIC）发布第 46 次《中国互联网络发展状况统计报告》称，截至 2020 年 6 月，我国短视频用户规模为 8.18 亿，占网民整体的 87.0%，相较 2020 年 3 月第 45 次统计，新增了 4461 万。在疫情影响之下，互联网经济加速发展，人们逐渐适应“线上”模式，电商、新闻、旅游等行业搭上短视频快车，不断升级转变，深度地影响着公众生活，同时也带来更多表达空间。但是，近期发生的多起短视频造假事件，如广东“民政局门口摆拍离婚”事件、江西六旬女子沉迷“假靳东”视频离家出走等，造成严重的不良社会影响，令公众不得不审视这一新业态的副作用。在商业化、娱乐化大潮的席卷之下，猎奇、作秀、博眼球成为短视频传播的“潜规则”，导致短视频造假现象高发，持续污染网络空间，且“技术”和“套路”不断翻新升级，令人更加难以辨识，已经成为网络管理的“灰色地带”甚至“空白地带”，亟待纳入监管范围。

## 一、短视频的三种造假手法

梳理近一两年来引发关注的短视频造假事件，通过分析发现，从初级的拼凑剪辑到稍具专业的剧本摆拍，再到 AI 技术加持的深度伪造，短视频已经多方侵入到社会生活中，使得短视频领域的“打假”话题频繁被提上公众讨论日程。

### 1. 初级手段：拼凑剪辑，欺骗网民

这类短视频是在一定事实的基础上，通过添加元素或者虚构情节吸

引网民好奇心。如贵州威宁几名网民将鸟叫视频添加类似“虎叫”“狼嚎”等恐怖音效上传网络，引爆了一出“虎啸龙吟”闹剧，惊动官方和专家辟谣澄清；某平台网民编造视频称“湖北一私家车数月无人认领，车主抗疫去世”，勾起不少网民对艰难抗疫历程的回忆，当地警方调查后回应称网传消息系谣言；浙江余杭男子摄录一女士在小区快递站点取快递视频，与朋友通过分饰“快递小哥”与“女业主”身份，捏造“女业主出轨快递员被拍”的桃色信息，相关短视频和聊天内容引起大量转发、浏览和评论，造成不良社会影响。

近期饱受批评的“假明星”视频事件，多是此类简单拼接的造假手法。据媒体报道，一则题为《六旬追星女子：我要嫁靳东，勇敢活一次》的社会新闻引爆舆论场，江西一名六旬大妈自称在抖音上结识了明星靳东，甚至想要与现任丈夫离婚，与其一起生活。曝光之后，相关平台封禁了上千个“东弟弟”“靳哥哥”等假冒账号。实际上，“假靳东”事件只是冰山一角，短视频平台存在大量明星名人高仿账号，这些账号用明星名人的照片、剧照进行拼贴，再加上文字和配音处理，如“靳东”表白、“马云”发钱、“董卿”恋爱等，具有较强的误导性，令大量中老年用户上当受骗。

2. 中级手段：剧本摆拍，误导公众

摆拍类短视频一般有剧本、演员、场景、道具，短视频作者通过较为专业的拍摄手法和剧情表达，制造意外、反差和反转以吸引观众注意。更重要的是，短视频作者刻意模糊真实与“创作”间的界限，用旁观者的视角和实时拍摄的现场感增加短视频的真实感，不但专业度显得较高，而且迷惑性更强。如此前一段广东茂名“夫妻刚办完离婚手续走出民政局，妻子晕倒丈夫冷眼离开”的短视频在各大平台传播，大量网民批评视频中“丈夫”的做法令人寒心，最多的一位转发用户下有 4 万人评论。2020 年 9 月 4 日，茂名市委网信办公布了另一个角度的监控视频，证明该视频系摆拍创作。随后多家媒体调查发现，短视频内容平台存在大量类似“民政局门前演戏式摆拍”的内容，且多与离婚、出轨等争议性话题有关。

摆拍视频中，辨识难度较大的是伪装成监控拍摄的短视频。2020 年 7 月，一段湖南芷江“抢小孩”的“监控视频”在秒拍、梨视频、微博等平台传播，引来不明真相的网民和媒体转发关注，最高有近 25 万点赞，视频播放量超过百万。经有关部门调查，该视频为自媒体公司自导自演，目的是赚取流量，公司运营人已被网安部门约谈批评。2019 年 11 月 9 日，一则“男孩蹲车后捡球险被撞，男子一把拉起拯救两个家庭”的监控视频走红于网络，被网民称赞“暖新闻”“正能量”，后经媒体核实该视频系摆拍。上述案例中，相关视频具备监控视频特有的黑白底色、无声音、画质差、镜头高、距离远等特征，如果没有标注是摆拍，网民很容易相信视频内容是真实发生的事情。

3.“高级”手段：改头换脸，无中生有

虚假视频信息一直困扰着全世界的网络平台和用户，在 AI 技术与短视频制作融合后，它的风险和危害变得更加明显。利用 AI 系统，用户可以任意创建和编辑视频，这就意味着在短视频造假上面，它不但能够以假乱真，更能“无中生有”。2017 年，Reddit 网站用户利用 Deepfake（深度伪造）技术制作色情视频并提供开源后，Deepfake 技术便在被滥用的路上越走越远，境外社交媒体上充斥着此类短视频。有境外机构统计称，在所有 Deepfake 创作的视频中，色情视频占据了 96%，“Deepfake 已经成为攻击女性强有力的武器”。甚至还有变种，如 DeepNude 软件可以将照片一键生成裸照，不需要任何技术或者硬件支持；Deepfake 音频可以利用算法复制人们的声音，模仿音色、语调甚至言谈举止习惯，目前境外已经公开报道了三起 Deepfake 音频诈骗案例。

而且这一技术已经不可避免地侵入到政治领域，在境外社交媒体发挥影响力。奥巴马、特朗普、佩洛西、默克尔、马斯克等欧美政客名人的“换脸”视频屡见不鲜，2019 年元旦，西非国家加蓬发布的一段经过深度伪造的总统讲话还引发国家动荡。随着技术不断升级，虚假图片、音频、视频的合成更为容易，视频造假的内容也在不断扩展。据外媒报道，2020年2月初，在印度德里邦议会选举中，印度人民党（Bharatiya Janata Party）的候选人之一 Manoj Tiwari，用视频造假技术拉拢小语种选民。视频中，并不擅长哈里亚纳语的 Tiwari，讲着流利的哈里亚纳语，呼吁大家向印度人民党投票。该视频在 WhatsApp 上引起大量传播，近 5800 个 WhatsApp 群组约 1500 万人进行观看。美国安全专家曾发出警告，称 Deepfake 可能成为对下届美国总统大选造成影响的最有威胁的人工智能技术之一。

## 二、短视频造假的动因

进一步分析上述案例可以看出，短视频造假归根结底是为了流量及利益。短视频制作者追求利益的做法，具体又可以分为两种情况：一种情况是受到行业扩张的刺激，通过策划、演戏“套路”网民，收割流量；另一种则属于铤而走险，在网络黑灰产的链条里找寻猎物，诱导和欺骗牟取利益。

### 1. 行业推力：短视频行业急速扩张推动关联产业壮大，“反哺”造假需求

短视频行业的快速发展，催生出相关产业链并推动其走向火热，为摆拍造假提供便利。大量的短视频制作需求使得短视频剧本写作工作室、公司如雨后春笋般出现，摄影、编剧、制片等专业人士加入，使得以创意剧情为主要内容的短视频迅速走红。短视频平台也在发力：2019 年，快手上线新功能板块“快手小剧场”，宣称将由专人对短剧创作者进行垂直化和专业化的运营；2020 年 2 月，抖音推出“百亿剧好看计划”，表示将根据播放量、点赞量等综合排名给予创作者奖励。据卡思数据 2020 年 3 月发布的一份报告显示，不论是在短视频内容量上的占有率，还是在内容涨粉和广告投放上的效果，剧情号都处在前列位置。平台的操作和现实的数据都揭示出这样一个深层次逻辑，即短视频的算法推荐将内容故事性作为一条重要规则，主导着短视频作者的内容能否被看到以及被多少人看到。

推荐算法指引着流量的流向，在“流量思维”主导下，自然会有人不惜造假、造谣，甚至不顾道德和法律的约束。作为新兴产业，低门槛的短视频创作内容质量参差不齐、从业人员鱼龙混杂，但都不约而同地遵循着要吸引关注必须具备猎奇、刺激、有冲突、有逻辑等“潜规则”。换句话说，短视频平台上所谓的惊喜、愤怒、冲突、矛盾，其实多数都是策划的结果。MCN 机构和网红们精准地抓住了网民的心理弱点，制造充满痛点的社会话题去撩拨公众情绪，收割流量和热度。

2. 流量吸力：短视频“流量富矿”吸引网络黑灰产转移，衍生造假空间

互联网环境中，有流量就有利益，短视频作为当下的互联网经济新风口，必然会吸引网络流量黑灰产的跨平台转移，一些黑灰产逐利者闻风而动，利用虚假短视频谋取不当利益。“假靳东”事件发酵后，红星新闻等媒体调查发现，短视频账号交易已经发展出成熟的黑灰产业链条，不论是“产号”“养号”，还是销售、运营，都分工有序、明码标价，背后有着专门的工作室操刀。比如，在短视频平台上注册大量仿冒账号，用猎奇标题、关注发红包等方式骗取粉丝点赞，这个过程叫“养号”。等到积累一定粉丝基础后就寻求变现，主要通过卖号、加挂广告挣取佣金、直播带货、微信导流推广等多种方式。据媒体报道，一个有 15 万左右粉丝的账号最高可卖到 9000 多元，买家主要是直播带货或微商团队，像被“假靳东”视频欺骗的黄女士就购买了该账号推荐的不少商品。在非法利益的驱使下，还有不法分子将黑手伸向了缺乏辨识力的未成年人和中老年用户，甚至将其引导至其他平台进行网络诈骗。

## 三、短视频造假的危害及应对

短视频造假者从日常生活中截取片段，通过精心编排、剪辑，改成富有争议、充满反转的桥段，不但在网络上引起争议和混乱，带来种种负面后果，更是颠覆了人们“眼见为实”的一贯认知，长此以往将造成社会信

任缺失和冷漠蔓延。法制网舆情监测中心认为，以下四种情况需要引起警惕并需采取措施积极应对：

1. 警惕正能量摆拍视频侵蚀官方公信力

当前，短视频提供了大量的一手信息，日渐吸引媒体关注，并将其作为报道来源之一。通常一条热门短视频经过媒体转载报道后，还会掀起更大范围的热议，形成社会热点事件。多数正能量新闻就是如此发酵起来，并且感动无数网民。然而，一些虚假短视频隐藏其中，给媒体公信力带来严重损害。如“女孩考上大学跪谢父母”“火锅店老板娘秒杀醉酒男”等视频，因“正能量”“暖新闻”受到媒体热捧后很快“翻车”成“摆拍”，导致那些未经核实查证就发布报道的权威媒体遭到网民责难，陷于追逐流量、缺乏专业素养的舆论旋涡。此外，各地政法机关也需警惕正面宣传“翻车”现象。2020 年 5 月 20 日，四川内江市公安市中区分局官方微博发布一段视频，视频中一名女交警给来送花表白的老公贴上违停罚单，本意是宣传“公正严明执法”，但引来摆拍质疑。随后官博撤下视频，工作人员回应称原本策划的是男主在女交警下班时去交警大队门口送花，结果在买花的路上碰到，是“意料之外的摆拍”。官方解释依然未能平息质疑，网民留言批评“矫揉造作”“侮辱智商”。宣传部门在利用短视频开展工作时，需要注意区分真实和创作之间的界限，对于创作的内容要主动作出提醒，以免网民质疑诱发负面舆情。

2. 警惕短视频造假放大社会冲突、消耗社会信任

随着各大短视频平台对用户关注度的抢夺战不断升温升级，编造猎奇、争议选题博眼球的问题日渐显现。这类造假短视频迎合并加深了社会刻板印象，在价值导向上具有较大危害性，缺乏辨识力的网民很容易被扭曲的、极端的价值观带偏。比如，在养老压力日益沉重的现实背景下，“孩子啃老”“养儿不防老”等虚假短视频可能放大代际冲突；智能化时代产生的“信息鸿沟”给老年人带来较多不便，“安徽大爷无健康码徒步千里”这一假新闻加剧人们对“被时代抛弃”的无力感等；民政局门前演离婚、

编造婚外情被抓拍等，将年轻人对婚恋问题的焦虑放大；“果农大爷大妈坐地大哭水果滞销烂在地里”的假视频，吸引着大量城市里饱受农产品高价烦恼的网民慷慨解囊。这些案例多属道德问题，通常能激起舆论场中广泛的情绪共鸣，因此回应成本高昂。如果官方部门视而不见，任由虚假内容扩散，将会破坏网络秩序，加剧舆论撕裂，削弱公众对主流价值观的认同感。

3. 警惕虚假短视频加大隐私侵权、网络欺诈等违法风险

短视频造假过程中必然会使用到图片、音频、视频等素材，涉嫌侵犯个人权益和隐私，还容易被黑产利用。《新京报》曾调查发现，随着 AI 技术走红以及门槛降低，售卖明星换脸的淫秽视频已经成为一门地下生意，网络二手交易平台“闲鱼”上还有卖家提供“定制换脸”服务。值得注意的是，中老年人已经成为造假短视频诈骗的目标群体。这些刚学会上网的中老年人对各种骗局和乱象并不了解，缺乏辨别真伪的能力，加之没有及时有效的引导和帮助，很多老年人沦为网络诈骗犯罪的受害者，如被推销购买保健品、养生品，或者购买投资理财产品，而交友婚恋诈骗这类“杀猪盘”活动，则很可能涉及诈骗犯罪。上述乱象已经引起舆论注意，如《人民日报》刊文呼吁平台方加强监管，并期待法律武器发挥作用制裁。政法机关需对这类违法线索加大重视，加大对互联网新业态违法行为的研究，适时组织专项行动进行依法打击。

4. 警惕敏感话题挑拨公众情绪

目前，抖音上热传一些所谓“90 后正厅”“80 后副部”“29 岁最年轻市长”等“年轻高官”短视频。相关视频均由个人简历、照片的截图拼接而成，利用封面大字吸引网民打开，“网红神曲”音效维持观众注意力，图片持续数秒后迅速切换成一男子刚睡醒的镜头，并配上“原来是做梦”等字幕和哄笑的背景音，制造反差效果。由于年轻官员在网络上具有天然热度，容易成为热点时政话题，如果不完整的截图内容在网上传播，则易给公众造成误导，甚至演绎出“背景论”的联想。此外，短视频平台对恶

性刑事案件较为关注，一些发生时间久远的大案要案在抖音传播下重新引发关注，有视频发布者用影视剧拼接画面讲述所谓“内幕”，或是直播回顾案情，政法机关也需警惕这种将刑事案件故事化、形象化趋势，影响公众对司法公正和公共安全的感知。

（观察时间截至 2020 年 10 月 22 日）

4

# 失联事件的特征分析及应对建议

**编者按：** 近期，全网关注的杭州女子来某某失联被害案之后，江苏南京女大学生李某某在云南失联后被害、四川安岳男子屈某某杀妻后谎报妻子失联等极端个案接连被曝光，掀起了媒体和舆论对失联事件的报道及关注高潮。“失联＝遇害”的话题被推上舆论场中心，形成显著的连锁反应，舆论恐慌持续放大、强化。本文选取自杭州来某某案以来媒体公开报道的22起失联事件，分析这些事件所呈现的舆情特征，针对其中的风险提出舆情应对建议，供有关部门参考。

## 【舆情事件】

2020 年 7—8 月失联事件一览

| 序号 | 曝光时间 | 舆情事件 |
| --- | --- | --- |
| 1 | 7 月 16 日 | 浙江杭州女子来某某失联多日后证实被丈夫杀害 |
| 2 | 7 月 24 日 | 江苏南京女大学生黄某某在青海可可西里失联后死亡 |
| 3 | 7 月 26 日 | 四川成都 33 岁男子欧某某驾车失联 18 日 |
| 4 | 7 月 27 日 | 四川安岳男子屈某某杀妻后谎报妻子失联 |
| 5 | 7 月 27 日 | 甘肃男子程某某来西安打工后失联多日 |
| 6 | 7 月 28 日 | 广西南宁男子李某某声称母亲孙某某失踪 8 年但案件仍未解决　警方称已成立专案组 |
| 7 | 7 月 29 日 | 山东胶州 14 岁男孩高某离家失联 1 日后证实死亡 |
| 8 | 7 月 31 日 | 江苏南京女大学生李某某云南失联　警方查实其被男友洪某与朋友合谋杀害 |
| 9 | 8 月 2 日 | 河北平乡县一镇干部王某被曝出轨家暴　在妻子死后失联 |
| 10 | 8 月 3 日 | 河南新乡 14 岁女孩张某某失联 4 天后找到　自称去“见网友” |
| 11 | 8 月 3 日 | 宁夏吴忠 24 岁女子宋某失联 30 余日　有严重抑郁倾向 |

续表

| 序号 | 曝光时间 | 舆情事件 |
| --- | --- | --- |
| 12 | 8 月 5 日 | 湖南长沙 25 岁研究生男子赵某失联 2 日在家中衣柜被找到 |
| 13 | 8 月 5 日 | 湖北老河口市 7 岁女童失联　系被邻居杀害埋尸 |
| 14 | 8 月 5 日 | 江苏沛县男子失联 12 年　事发前正为儿子准备婚房 |
| 15 | 8 月 6 日 | 江苏无锡 24 岁女孩费某某失联 3 日后自行回家 |
| 16 | 8 月 6 日 | 安徽宿松 21 岁大学生男子谢某某上海实习数日后失联 |
| 17 | 8 月 6 日 | 安徽 19 岁少年胡某失联 44 天 |
| 18 | 8 月 6 日 | 湖南邵阳 19 岁女生杨某失联 93 日 |
| 19 | 8 月 8 日 | 四川青神 28 岁女子周某菲律宾失联 70 余日 |
| 20 | 8 月 9 日 | 广西南宁 34 岁女子廖某某失联 14 日后被找到 |
| 21 | 8 月 9 日 | 广东广州男子石某某“穷游”至四川绵阳后失联 |
| 22 | 8 月 12 日 | 重庆“孕妇”肖某某失联 50 余日被找到　警方称其“未怀孕也无近期生产痕迹” |

1. 主体：失联人身份信息引发媒体关注

数据显示，近段时间的失联事件主体涉及未成年人、大学生、中青年等多个群体，且以女性为主。在报道内容方面，失联人的年龄、身份、失联时长等细节信息是媒体特别关注的内容，一些指向身份的关键词得到强调，如“女大学生”“25 岁研究生”“7 岁女童”等。值得注意的是，相较于此前女性失联事件多发的情形，近期还出现了多例男性失联的案例。

2. 原因：家庭矛盾、学业压力、心理问题相对集中

失联原因方面，因家庭矛盾、学业压力、心理健康这三类问题引发失联的情形比较突出，如南京女大学生黄某某青海失联因“延迟毕业压力很大”、重庆“孕妇”肖某某失联系因“家庭矛盾而离家出走”、宁夏吴忠宋某失联前被诊断为“重度抑郁有自杀倾向”等。还有的事件起因系情感纠纷、勒索钱财引发，并表现出“熟人作案”的明显特征，容易引起社会恐慌情绪。

3. 结果：涉刑事案件的失联事件最受舆论关注

此次纳入分析的 22 起案例中，失联人不幸死亡的共 7 起，其中江苏

南京女大学生李某某失联案、浙江杭州女子来某某失联案、湖北老河口市7岁女童失联案3起案件的舆情热度最高，犯罪嫌疑人的残忍行为令人发指，舆论强烈呼吁政法机关严惩嫌犯，告慰死者。失联人被找到的事件共5起。重庆“孕妇”肖某某失联50余日、湖南长沙25岁研究生男子赵某失联等事件一度引发网民关切，警方全力调查后最终确认失联人平安，极大缓解了网民担忧。另外，在22起案例中，有7起提到警方已介入但尚无明确结果，舆情处于未闭环状态，提醒公安机关需注意后续信息发布工作。

## 【舆情解析】

### 1. 极端个案频发形成连锁反应

失联类舆情近期如此高热，很大程度源自浙江杭州女子来某某失联被杀一案引发的连锁反应。该案以“失联”进入公众视野，种种离奇现象点燃网民“云破案”热情，警方破案后案件真相震惊舆论，源源不断的话题吸引了舆论的持续关注。在此期间，媒体接连曝出四川安岳一男子报案称妻子失联、南京两名女大学生相继在青海云南失联等多起案（事）件，对公众情绪形成了反复刺激。基于这种舆论氛围，失联类舆情被公众投射了超出以往的关注度，大量失联事件通过媒体、社交平台等渠道流出，甚至一些旧信息也趁机“搭车”重现，从而聚拢起更多的社会关注和讨论，个别案件还出现了倒逼公安机关尽快介入问题解决的情况。

### 2. “失联即死亡”的心理暗示加剧公众不安

近年来，每每出现失联事件，失联人是否平安成为舆论最大关切。然而一些热点事件最终以悲剧告终，给公众留下深刻印象，如2018年河南郑州空姐搭乘滴滴顺风车失联遇害案、2018年“11・13”浙大女生失联被杀案、2019年浙江淳安9岁女童失联死亡案等。在恶性案件的强大辐射效应下，“失联”已成为一个极易挑动公众不安情绪的标签，以至于只要“失联”一词出现，舆论马上将之与“死亡”“被害”等负面语境相关联。而随着极端个案的一次次出现，这种负面心理暗示也一次次被强化，公众安全感遭到强烈冲击。

3. 细节化、标签化表达助推舆情传播

失联事件往往带有一定的悬疑色彩，本身就极具话题性。不少媒体在报道时，会从失联人的行为对比、日常习惯、反常举动等方面进行细节描述，营造出惊悚离奇的氛围，增加了网民想象空间，也加速舆情的传播、扩散。比如，在杭州女子来某某失联一事中，媒体报道称“监控显示其没有出小区”“零点 30 分左右妻子还躺在（丈夫）身边，五点半醒来就不在了”；在南宁 34 岁女子廖某某失联事件中，媒体称其“收母亲 30 万现金后失联 14 日，银行卡被刷空，家人怀疑她‘被拖走’”等。部分媒体还习惯对关键信息进行“标签化”归类。比如，湖南长沙 25 岁男子赵某失联一事中，媒体多突出其“刚毕业的研究生”身份；在“南京女大学生李某某失联事件”中，部分媒体对犯罪嫌疑人洪某的“官二代”身份抓住不放，网民也追问警方办案是否受到干扰。

4. 警方介入处置成影响舆情走向关键

此类失联事件中，公安机关的介入处置通常是影响舆情走向的关键，各地处置工作所产生的舆论效果也各有不同。在两名南京女大学生相继在青海和云南失联事件中，江苏、云南、四川、西藏、青海等多地警方接警后闻讯而动，密切合作、调查寻人，青海警方更是组织百余名民警深入可可西里无人区徒步寻人数日，最终找到了失联人员遗骸。同时，事发地的公安机关在寻人过程中及时发布通报、回应关切、澄清质疑，以积极作为最大程度安抚了人心，赢得多方认可。不过，个别事件中也有公安机关的做法引起争议，尤其是对失联事件不予立案饱受批评。如湖南邵阳 19 岁女孩失联 3 个月最后定位显示在云南一事中，大理警方以“不在境内”为由建议其家人去户籍所在地报案，遭到部分网民指责“推卸责任”；南宁市民李某某称其母亲失踪 8 年但案件始终未破，当地警方尽管表示已成立专案组，但还是陷入“慢作为”的网络质疑。

## 【舆情建议】

1. 重在预警　科学研判

目前，失联事件已经成为一种重要的舆情类型，一旦发生，属地或事发地的公安机关将直面舆论压力。这就要求各地公安机关需对外部舆论环境态势作出整体研判，进一步增强对失联事件的舆情敏感度，提升舆情工作能力。例如，公安机关可对舆情多发的微博、微信、论坛、贴吧等平台进行持续监控，对于发现的苗头性信息，从发布者、内容、行为动向等角度研判其风险等级，并视情启动预警机制，对可能出现的舆情隐患进行干预。另外，对于那些已立案调查但仍无结果的失联事件，公安机关亦需做好风险预警和实体处置，避免旧舆情借机发酵，爆发新的舆情危机。

2. 多方配合　提级处置

寻找失联人员是一项时间长、强度高、难度大的工作，十分考验公安机关的工作水平。首先，失联人员的行动轨迹可能涉及多个省份和地区，找人更是如同大海捞针，一地公安机关难以独立完成。因此，各地公安机关一方面需具备全国“一盘棋”意识，涉及自身职责的，要快速介入，积极作为；另一方面，需要为其他公安机关提供支持的，最大程度给予帮助配合，避免受到舆论指摘。其次，失联事件发生后，其家属往往会第一时间选择就近的派出所报案，但从实际情况看，这一层级的公安部门很难有能力承接应对，需要上级或更高层级部门统筹调度、全盘规划，确保实体工作和舆情应对都能顺利开展。

3. 合理披露　适度公开

失联事件引发的高热舆情，在一定程度上折射出公众对公共安全这一必需品的集体焦虑，在此背景下，公众对信息公开也有着强烈需求。然而在现实中，出于个人隐私保护、侦办流程保密、防止二次伤害等考虑，公安机关对失联案（事）件细节有时不便过多透露，导致公众的信息渴求与警方的信息释放之间存在差距，进而滋生出办案不力等猜测，给舆情发酵留下空间。因此，针对失联事件的信息发布，各地警方还需秉持“合理披露、适度公开”原则，对于民众关切的、法律规定中可以公开的关键问题，应予以公布到位，保证信息公开透明；对于舆论场中各种误解甚至捕风捉影的传言，亦需快速查明真伪、有力作出回击，维护执法权威。

（观察时间 2020 年 7 月 16 日至 2020 年 8 月 13 日）

5

# 突发恶性案件的传播特点和引导要点

**编者按：** 近日，杭州女子失踪一案引发全网热议，随后四川安岳男子“杀妻”案、湖北襄阳7岁女童被害案等相继被曝出，引起广泛关注。短期内，恶性刑事案件多发态势不仅严重影响舆论对公共安全的感知，还会影响对政法机关的评价，极其考验政法机关的舆情工作水平。本文梳理2020年7月以来截至8月6日发生的30起案件，总结其类型特征及舆情特征，分析舆情风险，并提出相应的引导应对建议，以供参考。

## 【舆情事件】

自2020年7月1日至8月6日，以下六类恶性刑事案件在微博上形成热门话题，获得舆论较高关注。

1. 亲属之间的恶性犯罪案件高发

这类恶性案件约占三分之一，多表现为夫妻、伴侣、亲属之间因为生活矛盾、情感纠纷以及经济纠纷引发的犯罪，部分案件还涉及家庭暴力情节，妇女、儿童常成为受害者。一是家庭矛盾。如杭州女子来某某失踪事件中，警方初步调查发现，其丈夫许某某因家庭生活矛盾不满，趁其熟睡将其杀害；四川成都1岁男童被母亲殴打致昏迷，当地妇联透露，幼童母亲与婆家关系紧张，虐打系母亲独自带娃时发生。二是情感纠纷。南京一大学生被男友诱骗至云南杀害、河南平顶山一男子酒后持刀捅死前妻、广东阳江市一男子向前女友泼硫酸、江西庐山一男子因离婚冲突杀害妻子后自杀等案件，均因情感纠纷引发了恶性犯罪。三是经济纠纷。河北保定男子持铁锹暴打致1名老太太死亡、1名3岁女童重伤，嫌疑人分别为受伤女童的舅姥爷和外曾祖父，原因系车祸赔偿纠纷，事发后1名嫌疑人服农药自杀身亡；四川省甘洛县一男子因彩礼债务醉酒后刺伤妻子和岳母等。

2. 报复社会类犯罪造成惨烈后果

这类案件往往造成严重后果，引起社会的极大愤慨，其中最典型的就是贵州安顺公交车坠湖事件。安顺警方调查认定，公交车司机张某钢常感家庭不幸福，生活不如意，且对拆迁不满，有厌世情绪，酒后蓄意驾车冲进湖中。该事件造成包括张某钢在内的 21 人死亡、15 人受伤。此外，无锡一男子当街将 1 名女性割喉、陕西凤翔一男子在县城内杀害 2 人砍伤 1 人后逃亡，嫌疑人手段之残忍、性质之恶劣都令人发指。公开通报未表明嫌疑人与受害者认识，疑似无差别作案的方式引发部分舆论猜测嫌疑人系报复社会。

3. 因个人矛盾冲突引发的犯罪情节恶劣

一些因口角纠纷、私人恩怨升级酿成的恶性犯罪，常带有闹市行凶、当街刺人等恶劣情节，被曝光后迅速吸引舆论目光。如 7 月 14 日，辽宁大连一男子因积怨携汽油到教育局纵火致 6 伤；同日，重庆一农贸市场猪肉摊主因与邻摊夫妇发生争执持刀将 2 人砍死；7 月 31 日，云南昭通女教师上班途中被男同事杀害等事件。7 月 9 日深夜，内蒙古赤峰一老年公寓发生命案，81 岁犯罪嫌疑人王某某持剪刀行凶，造成 3 死 4 伤，知情老人称事因是王某某老两口想调整房间。舆论多感慨“戾气太重”，同时关注养老院等特殊场所和“银发犯罪”问题，呼吁予以重视、及早预防治理。

4. 袭警案件致多名警务人员伤亡

近期发生数起袭警案件，造成多名警察伤亡，案件性质十分恶劣。7 月 3 日，湖北武汉民警在处理汽车鸣笛扰民警情时，驾车男子突然加速将辅警撞至路边花坛，又下车袭击民警，民警依法开枪将其击伤；7 月 6 日，江苏淮安民警在核查网上通缉逃犯的过程中，突遇 2 名网上通缉逃犯持刀行凶，造成 1 名民警、1 名辅警重伤后送医抢救无效牺牲；7 月 24 日，陕西西安民警和辅警带入室盗窃嫌疑人前往其作案同伙住地抓捕时，嫌疑人趁看管辅警不备，用刀将两名辅警刺伤后逃脱，其中一名辅警伤重不治殉职。相关案件引发舆论对强化民警装备和依法用枪的讨论。

5. 精神病人或疑似精神病人伤人引发关注

7 月 24 日，广西南宁火车站内 1 名男子将 1 名女童从候车室二层平台抛落至一楼大厅，知情人称女童是被疑似“精神病人”扔下来的。车站回应称受伤女童无生命危险，公安部门已介入调查。8 月 5 日，湖南娄底一女孩玩耍时被邻居用锄头暴打致当场昏迷不醒，政府称嫌疑人有精神病史，派出所民警表示男子已被控制，现在正在走法律程序，会依法公平办理。这些针对无辜幼童的暴力行为触目惊心，再次掀起舆论对精神病人犯罪这一社会顽疾的讨论。

6. 其他针对弱势群体的暴力犯罪

除了上述几类具有明显特征的恶性犯罪案件，还有一些针对弱势群体的暴力犯罪也引发较多网络关注。7 月 22 日，广东东莞一男子因欠下外债无力偿还，遂萌生歹念，趁二手房东带其看房之际对其实施抢劫，将其捅伤致死；8 月 2 日，湖北襄阳老河口市一 7 岁留守女童失踪，警方调查发现，邻居高某杀害女童并埋尸后院。群情激愤的网民纷纷呼吁死刑严惩。

梳理发现，这些案件及其嫌疑人表现出一些共同特征：

其一，几乎都使用暴力手段。其中，持刀最为普遍，部分案件使用铁锨、锄头、剪刀、棍棒等杀伤性工具，个别还使用硫酸、汽油等危险品。

其二，半数案件发生在公共场合，部分案件发生在农村等基层社区。约二分之一的案发场景在街面、闹市等公共场合；约三分之一的案件发生在县城、乡镇、农村等基层社区，还有个别案件发生在养老院等特殊场所和偏远山区。

其三，嫌疑人多为社会底层人员，部分为无业者、生活“失意者”。从媒体报道和网络爆料对嫌疑人的形象描绘可以看出，恶性案件中的嫌疑人多数属于底层群体，有的是独居生活，有的在经济上缺乏固定收入或长期无业，性格容易出现偏执自私及暴力倾向。部分嫌疑人还被指存在赌博、盗窃等不良行为。这些因素导致嫌疑人不能正确处理婚姻家庭以及人际关系，在遇到诸如生活矛盾、钱财纠纷等因素刺激时出现暴力行为。

其四，“前科”人员身份引发特别关注。杭州来某某失踪事件中，嫌疑人许某某前妻控诉经常遭到许某某家暴，其好友 16 岁的女儿在 2002 年于家中被杀，一直未找到凶手，家属和舆论均怀疑许某某涉及此案，要求警方调查这种可能性。江苏淮安重大暴力袭警案件，2 名嫌疑人系网上通缉逃犯，其中 1 人曾 6 次获刑，3 次获刑涉强奸罪、3 次获刑涉盗窃罪，部分网民质疑如此恶行累累应从重处罚。广东阳江市一男子向前女友泼硫酸一事中，网传涉事男子为幼儿园园长，有猥亵儿童行为，多数网民发声呼吁警方介入查证。可以看到，嫌疑人如果有犯罪“前科”，大概率会引起媒体和网民的“起底”，甚至将政法机关卷入次生舆情危机。

## 【舆情特征】

近期密集曝光的恶性案件在舆论场上形成了明显的共振态势，给网民带来强烈冲击，有些情绪被集聚，有些则被放大，使得类案舆情更具复杂性、多变性，其中表现出来的四种舆情现象，值得有关部门加以关注。

### 1. 舆论“贴标签”现象

在恶性案件报道中，媒体的“受害者主语”的叙事方式饱受批评，即媒体偏好将受害者的身份特征前置，包括性别、年龄、穿着打扮、职业、兴趣爱好等。女性受害者通常是媒体报道标题中的主语，与其相关的照片信息也更容易获得传播，导致“受害者有罪论”猜测出现，甚至还引发针对受害者的“荡妇羞辱”和谣言攻击。如无锡一男子持刀挟持路人事件中，部分媒体报道时称“lo 娘被割喉”（“lo 娘”一般指把洛丽塔服饰当成日常服装来穿的姑娘，而洛丽塔服饰则是指以哥特风格、甜美风格和复古风格为基础的服饰），还有谣言称男友不满被“劈腿”行凶；南京大学生李某月遇害一案，媒体深挖嫌疑人洪某某的身份背景，有网传消息称 2 人地铁认识并且“没几天就敢同居”。这些说法均遭到部分舆论的猛烈回击。相对应地，加害方也会被“贴标签”，有关职业、地域、性格方面的特征经过放大成为标签。比如，杭州“杀妻案”发生后，大量自媒体发布文章提醒女性“远离这3种人”“小心这5种人”，激起恐婚情绪的高涨。

2. 网络“云破案”现象

恶性案件发生后，警方通报一般只是简单介绍案情，对作案动机尽量不提或者少提，简单的信息难以满足舆论好奇，于是“脑补”就有了滋生的空间。加之新闻报道和网络信息对案件描写十分详细，“分尸”“割喉”“当街打死”“暴击”等一连串字眼无不吸引着网民的注意力。带有血腥色彩的案发现场图片、视频经过广泛传播，吸引网民去探究为何如此惨烈极端。尤其需要注意的是，舆论对犯罪动机的好奇还会激发破案热情，产生网络“云破案”现象，如推测为何作案、谁是凶手、如何作案等，并由此产生“舆论审判”。政法机关无疑会面临巨大的舆论压力，如果处置时与民意发生偏离，很可能引火烧身，被动进入舆情危局。

3. 舆情失焦现象

上述几类恶性案件中，“杀妻案”等针对伴侣的暴力犯罪案件热度最高，同时引发的舆论争议也最大。受到典型个案的影响，网络中的性别对立被激发，“每天一个恐婚新闻”“恐男日常”“不婚保平安”等评论在留言区十分常见。当事件本身不能提供足够讨论的话题时，舆论通过不断延伸讨论边界，如强调“男性犯罪人数超过九成”“交通肇事犯罪率男性是女性的8.8倍”“性别比每增加0.01，犯罪率就增加3.03%”等结论，唤起网络中积累的负面情绪，加剧舆论撕裂。网民迅速站队并分裂为对立阵营，互相指责对方。争吵一旦扩大，舆情就会彻底失焦，个案本身反而被推到聚光灯之外。舆情失焦还有一个方向就是反思“社会病”，即将个案发生的原因引向体制，把一切罪过推给政府和社会，认为是制度性、系统性的社会不公加重了社会戾气，致使政府部门无论做什么都会被无端指责。

4. 刑事案件被娱乐化现象

同情受害者、谴责加害者、反思人性、讨论如何保护自己，这是恶性案件发生后舆论心态的典型反应，但少数人为了吸引眼球或者追逐流量获利，以娱乐的方式调侃案件，在叙述事实中掺杂强烈的个人价值倾向，对犯罪嫌疑人的人生经历加以想象和创作，对受害者施行言语暴力。比如，此前某部热播影视剧的杀亲案引发“带你去爬山”等网络“梗”刷屏；杭州女子失联事件更是一度成为“全民吃瓜”的闹剧，公安机关艰苦的侦办工作反而成了“网络狂欢”的素材。这其中，自媒体营销号的积极关注和深度参与，是扰乱舆论场正常秩序、加剧对立情绪的重要推手。刑事案件被娱乐化的负面影响在于，个别办案机关因为工作瑕疵被调侃、嘲弄、诋毁，严肃的司法活动成为娱乐化、低俗化的谈资，严重阻碍司法公信力提升。此外，这种恶俗行为可能误导公众，甚至诱发模仿犯罪，增加维护社会稳定的成本。

【舆情风险】

近期密集曝光的恶性案件在舆论场中产生极大震动，其关注度和社会影响力要远高于一般刑事案件，给案件侦办和处置工作带来巨大的舆论压力的同时，也潜藏着一定的舆情风险。

首先，处置环节，在网络聚光灯和放大镜之下，警方处置的合理性和正当性遭到质疑。例如，无锡男子深夜持刀挟持路人事件中，只有一家当地媒体提到警方鸣枪，绝大多数媒体转载报道时闭口不谈警方开枪、行凶男子被击毙等细节，导致评论区里一片骂声，大量网民质问警察为何不开枪。还有少数网民对比袭警案中警方果断开枪的情况，质疑处置民警不开枪的动机。在南京女大学生失联事件，家属爆料称警方以失联案件不予立案，导致南京警方遭到网民指责和攻击。

其次，在办案环节，办案机关的工作效率引发慢作为、不作为甚至失职渎职的质疑。涉及刑事案件中，受害者家属以及部分舆论常常用结果倒推原因，以当下情景苛求此前作为，将公众代入这样的共情中：当个人陷入极其危险境地时，如果警察和法律不能提供保护，还有谁能保护？如在河南商丘女子不堪家暴跳楼一事中，受害女子提出离婚诉求，法院回复需经诉前调解，热搜话题“# 女子不堪家暴跳楼后 1 年仍无法离婚 #”引发关注，法院被指拖延办案、“和稀泥”。舆论压力之下，当地法院通报不再调解并择期宣判，舆论由此产生疑问：“如果没有媒体曝光，她真的能顺利离婚吗？”保定男子持铁锹行凶一案中，媒体报道指出，悲剧前派出所曾介入但调停未果，对此有网民表示“有些调解就是和稀泥”。

再次，在司法环节，司法处置结果不符合公众诉求引发不满。涉及情感纠纷引发的案件中，舆论偏向同情受害女性，会对司法机关格外关注，司法机关的定罪量刑总会激起公众质疑其轻纵暴力犯罪。近期除了新发的恶性刑事案件，还有几起案件判决结果同样引起公共讨论和网络争议，葵花药业时任董事长关彦斌“杀妻”一审获刑 11 年，辽宁一男主播刺死同行被判死缓等，大量网民质疑量刑过轻，对审理法院表示不满。

最后，舆论对上述司法活动的不满还会延伸到对司法制度的负面评价上。家暴案件、离婚案件很容易指向“离婚冷静期”制度，反对的舆论质疑立法活动“把一个可能很快能化解的家庭民事矛盾，生生逼成了影响社会稳定的刑事案件”。新浪新闻通过检索裁判文书网上的 285 起“杀妻”案件发现，因婚内矛盾引发兼具自首情节，凶手获死刑的概率并不高，285 起杀妻案中只有 6 起案件适用死刑。部分舆论由个案升级到整体，指责“家庭内部犯罪社会危害程度低可酌情从宽”这一司法规则“危害深远”，同时“婚姻乃法外之地”“持证杀人免死”等极端评论随处可见。

## 【应对建议】

目前，恶性刑事案件仍处于高发态势，新的案件不断被曝光，舆论情绪高度紧张。各地政法机关在后续工作中需注意以下几点工作，争取案件办理取得良好的社会效果。

1. 提级介入指导处置　稳定社会情绪

面对突发的恶性刑事案件，公众关注度普遍较高，对处置部门的引导应对工作要求也“水涨船高”。但是基层政法机关普遍缺乏应对这类高热舆情的经验，容易在处置过程中触发舆情风险，上级主管部门需密切关注舆论态势，视情提级办理，指导案件侦破工作，及时安抚公众的紧张情绪。

2. 主动回应舆论关切　抓住舆论主导权

近期一些舆情案例的经验教训提示各地政法机关需重视信息发布和舆论引导工作，牢牢抓住引导主动权。处置部门不能局限于在案件取得重大进展或结束时才进行信息公开，网络信息往往比官方信息传播地更早更快，进而对政法机关形成舆论倒逼压力。因此，各地政法机关需在不影响案件侦办、尊重当事人隐私的前提下，从立案到办案的重要环节主动披露信息，回应舆论关切。这既是司法信息公开的基本要求，也是减少谣言滋生与传播的重要方法。同时政法机关也需注意信息发布的细节，明确发声渠道、动态发布进展、加强信息审核，增强舆论引导工作的时、度、效。特别是，政法机关要及时发现那些故意制造矛盾、煽动司法民意对立的不实言论，第一时间予以辟谣澄清，以免谬误越传越广，产生放大和标签效应。

3. 管控大众媒体传播　遏制不良炒作势头

在“人人都有麦克风”的自媒体时代，极端恶性案件成为少数自媒体追逐流量的工具，他们无底线地“吃人血馒头”，肆意消费死者、编造谣言，在舆论场上掀起激烈争议。媒体也喜欢盯有热度的案件，为了满足部分公众的猎奇心理，案件中的血腥画面、作案细节被大范围传播，不但给受害者造成二次伤害，还可能引发效仿，产生恶劣社会影响。相关处置部门需严格管控媒体对刑事案件细节的报道，限制涉及血腥暴力信息的过度传播。此外，网民中的暴戾情绪还可能催生“人肉”、骂战等网络暴力，导致“案中案”舆情衍生。因此，权威声音和有力处置必须到位，才能及时遏制住炒作、蹭热度等网络乱象，树立正确的社会舆论导向。

4. 重点排查矛盾隐患　加强心理干预疏导

针对近期恶性刑事案件表现出的特征，有关部门还需关注矛盾多发的重点领域，如亲属间矛盾以及精神病人等重点群体，通过矛盾排除等工作从根源上减少恶性刑事案件发生。除了严惩犯罪等“硬威慑”手段，心理建设、心理辅导等“软手段”也引起讨论，如贵州公交车坠湖事件后，业内人士纷纷建议加强心理疏导服务，保证驾驶人员心理健康。一些刑事案件起因于日常矛盾激化，背后则是社会快速变化给人们带来的心理危机，对此，有舆论建议将心理疏导工作向基层下沉，在基层纠纷调解队伍中适当引入专业力量，消除潜在犯罪中的心理隐患，防止极端犯罪发生。

（观察时间 2020 年 7 月 1 日至 2020 年 8 月 6 日）

6

# 判罚争议类案件研究

**编者按：**近期，几起涉及强奸、虐待、交通肇事致人死伤的司法案件判决结果引发广泛关注，舆论一方面同情被害者，谴责被告人行径恶劣，另一方面，质疑办案机关的从轻判决没有体现罪责刑相一致的原则，对司法人员业务素质和工作能力表示怀疑。同时，审理法院释法说理水平及其实效的不足，也直接导致司法裁决结果难以得到广泛的支持和认同，进而陷入网络舆论的泥潭。法制网舆情监测中心梳理6起判罚争议案件，分析判罚结果之所以被质疑的原因，同时提出相关应对建议，以供有关部门参考。

## 【事件概述】

**近期判罚争议案件一览表**

| 案件 | 一审法院及判决结果 | 二审法院及判决结果 | 从轻判决理由 | 目前进展 |
|---|---|---|---|---|
| 广西“百香果女童”遇害案 | 钦州市中院：判处被告人杨某某死刑 | 广西高院：死缓，限制减刑 | 具有自首等情节 | 最高人民法院：指令广西高院另行组成合议庭对该案进行再审 |
| 山东女子方某洋不孕被虐待致死案 | 德州禹城市人民法院：方某洋公公张某林、婆婆刘某英、丈夫张某均犯虐待罪，分别被判处有期徒刑三年，有期徒刑二年两个月，有期徒刑二年、缓刑三年 | | 各被告人归案后均能如实供述犯罪事实，构成坦白，且具有悔罪表现，各被告人亲属自愿预交赔偿金人民币5万元 | 德州中院：原审不公开开庭审理，违反诉讼程序，裁定撤销原判，发回重审 |
| 福建两男子奸淫幼女案 | 泉州市惠安县人民法院：两被告人陈某、黄某均被判有期徒刑四年六个月 | | 两名被告人归案后自愿认罪认罚 | 当地政法委：跟进关注，案件处于上诉期，判决未生效 |

续表

| 案件 | 一审法院及判决结果 | 二审法院及判决结果 | 从轻判决理由 | 目前进展 |
| --- | --- | --- | --- | --- |
| 陕西榆林一男子强奸、猥亵女儿案 | 榆林市吴堡县人民法院：被告人吴某某数罪并罚获刑七年 | | 归案后如实供述犯罪事实 | 不详 |
| 厦门大学教师情侣被共享汽车撞亡案 | 厦门市湖里区人民法院：认定司机胡某荧构成交通肇事罪，判处有期徒刑四年 | | 主动投案，如实供述，有自首情节；其家属代为赔偿两被害人家属部分经济损失 | 死者双方父母均不服，已向厦门市湖里区人民检察院提起抗诉 |
| 河南“玛莎拉蒂撞宝马”案 | 商丘市中院：以危险方法危害公共安全罪，判处醉酒驾驶者谭某某无期徒刑，判处从犯刘某某、张某某有期徒刑三年，缓刑三年 | | 谭某某属间接故意犯罪，主观恶性、人身危险性与直接故意犯罪有所不同；到案后如实供述、积极赔偿被害方经济损失 | 被告人已与三名受害人家属达成民事赔偿意见 |

基本特征方面，6 起案件被告人分别涉嫌强奸罪、虐待罪、强制猥亵罪、交通肇事罪、以危险方法危害公共安全罪；从轻判决的理由主要包括自首、如实供述犯罪事实、赔偿损失、间接故意犯罪等。目前，除陕西榆林一案没有最新进展及河南“玛莎拉蒂撞宝马”案双方家属达成赔偿意见之外，其他案件均没有完全闭环，包括指令再审、正在上诉期、向检察院提起抗诉等。对于上述案件的现有判决结果，主流舆论普遍不认可法院量刑，追问法院“为何只考虑减轻情节，不考虑加重情节”。

## 【舆情解析】

在这些案例中，法院判罚为何会产生如此广泛的争议和质疑？从案件本身来看，舆论基础广泛，涉及多个公共话题，社会关注度高；从司法机关的工作效果评价来看，释法说理不到位，法律适用的准确性存疑，导致舆论不满情绪加剧；从受众立场来看，站队弱者和受害方，朴素的同情心超越了法理思考。

### 1. 案件关联话题触及公平正义底线

相关案件除基本事实和判决出人意料之外，还牵涉其他触及公众软助、加剧争议的公共话题，包括司法公正、反家暴、未成年人保护等。河南“玛莎拉蒂案”，被告人谭某某因积极赔偿、有悔罪表现从轻处罚，其“富二代”身份引发网民有关“花钱买命”的猜测；山东女子方某洋不孕被虐待致死案，反家暴成为舆论讨论的关键内容，折射出底层农村妇女生存状态堪忧；陕西榆林一男子强奸、猥亵女儿案，牵涉人伦、人性层面的探讨；福建两男子性侵幼女获刑四年半，案件处理明显违背保护未成年人的原则。多种话题的探讨和多元化的观点交互碰撞、刺痛人心，更加凸显法院判决结果有失公允，特别是从宽从轻处罚的不合时宜，影响了公众对公平正义的获得感。

2. 释法说理不到位致舆论引导实效不足

上述争议案件中，除河南“玛莎拉蒂案”审判长在判决后接受媒体采访，就相关法律问题、判罚依据等作出解释，其他 5 起案件的通报、裁判文书虽注明了判罚依据，但释法工作不到位、生硬，难以平息汹涌的舆情。如仅说明被告人自首、认罪、承担赔偿义务等法定减刑情节，没有结合案件造成的重大社会影响等进行更深入的说明，尤其没有对带有明显加重情节的案件为何仍然适用认罪认罚从宽制度作出解释，使得质疑声持续存在。最高人民法院曾发文明确要求对疑难、复杂案件，诉讼各方争议较大的案件，社会关注度较高、影响较大的案件，应当强化释法说理。这些案件的审理法院虽然释明了法理，但对法理情相协调、应当强化释法说理的要求均体现的不够充分。

3. 法律原则和制度适用的准确性存疑

深入分析这些案例的舆论质疑点发现，自首从轻和认罪认罚从宽制度的适用是最为集中的地方。如广西“百香果女童”案二审法院以自首情节为由，将被告人杨某某由死刑改判为死缓。此事经媒体报道后，“自首成为免死金牌”的说法广泛流传，引起舆论极大不满。又如，福建两男子奸淫幼女一案，法院以两名被告人签署了认罪认罚具结书予以从宽处罚，被网民指责形成不良示范。这些涉及未成年人受侵害、致人死亡、强奸猥亵等恶性伤害案件，是社会普遍关注的重大敏感案件，法院在自首从轻和法律制度适用层面从轻，不但背离民众的常识常理常情，还有损司法公正，必然会招致舆论的质疑和怒火。

4. 公众情感倾向和专业法律素养存在错位

从轻判决之所以不被舆论认可，还与公众的朴素情感和对法律知识了解不深等因素有关。在一些个案中，“杀人偿命”的观念以及对性侵犯罪、欺凌弱小深恶痛绝的情感倾向十分凸显，部分情绪激动的网民希望对涉案犯罪嫌疑人予以严惩，甚至呼吁处以极刑，司法机关却依据一些“依法可以从轻或减轻”的情节予以从轻处理，这与公众情感出现严重错位，降低了社会舆论对司法的信任。另外，部分公众并没有树立法理思维，而是下意识地用情绪而不是法律作为看待问题的出发点，同时本身又对现有法律规定了解不足、认知不深、一知半解，一味强调严惩，如认为只要构成故意伤害罪、强奸罪就要判处死刑等。

【舆情建议】

对于司法机关来说，要想减少争议出现，赢得舆论对司法裁决结果的支持，一方面，要下功夫提升释法说理能力，力求精准适用相关法律法规，减少机械司法判例的出现；另一方面，可联合其他部门一道，强化公众法治思维的培养，引导其理性客观的表达意见。

1. 吃透法律精神　争议案件审慎适用从轻从宽制度

在办案过程中，司法机关首先需吃透相关法律和文件的精神，充分研究疑难、复杂以及诉讼各方争议较大的案件，精准适用有关法律规定，综合考量法律效果和社会效果的统一。对于判决不当或存疑的案件，及时表态进行澄清或解释。在涉未成年人等弱势群体遭侵害、强奸猥亵等案件中，司法机关需综合考虑社会影响力和危害性，以及犯罪嫌疑人的主观恶意、有无悔罪表现等情节，审慎适用从轻从宽制度，严格遵循罪责刑相统一原则，这样才能发挥制度本身优势，不损害司法公正，真正“让人民群众在每一个司法案件中感受到公平正义”。

2. 释法说理“在线” 明晰从轻从宽判罚的正当性

面对舆论的疑惑不解、质疑不满，司法机关既要不断提高释法说理的能力和技巧，也要让释法说理时刻“在线”，让司法判决真正抵达人心，产生良好的社会效果。具体来看，既要阐明法理，也要讲明情理，尤其要说明适用从轻从宽处罚的正当性和必要性，现有构成从轻从宽处罚的要件是否具有合理性，以及判决会为各方当事人、制度优势发挥等带来何种积极作用。对于相对晦涩的专业法律问题，除法院审理人员积极说明外，还可引入法律专家学者以及法律自媒体的意见建议，以第三者的视角提高释法说理的客观中立性以及社会信任度，使个案裁判结果被广泛认同，最大限度凝聚司法共识。

3. 提升舆论引导能力 促使判决认可度最大化

观察发现，部分涉事法院在舆情发酵后的应对和处置非但没有降温舆情，反而导致舆情升级，在全社会引发广泛争议，暴露出舆情敏感意识的缺乏和舆论引导能力的短板。其中，个别案件判决书被媒体曝光后，没有任何部门出面回应舆论关切，如陕西榆林一男子强奸、猥亵女儿案曝光后法院一直未露面发声；个别案件在有关部门和领导表态关注之后，便没有下文，典型如福建两男子奸淫幼女案。另有法院在回应争议时，没有针对网民质疑点进行有效应对，如德州中院在回应山东女子方某洋不孕被虐待致死案时，仅表示一审法院不公开开庭审理违反诉讼程序，表态加强监督指导，却未对争议本身作出进一步的说明。这提示法院要在舆论引导能力的提升上下功夫，通过舆情监测、预警分析、网络舆论的搜集整理研判、口径统一以及案件信息发布上，投入更多的精力，促使判决结果的社会认可度最大化。

4. 持续“硬核”普法 培养公众法治思维和理性表达

公众对司法判例的感知和认识更多是从朴素情感出发，立足点也多停留在道义层面，而这两者角度都缺乏法律的刚性视角，难免有失偏颇。如在河南“玛莎拉蒂案”中，法院判决无论是法理适用还是情理考虑，都能站得住脚，但宣判后仍然引起较多质疑，这其中最重要的一个原因是网民普遍缺乏法治思维，更多出于对“有钱有权”被告人的仇视和对司法机关的惯性的、跟风式的质疑。针对此类情形，司法机关可借助典型案例加大普法力度，进行专门性的普法宣传教育，寓法治宣传教育于具体审判活动中，通过对法定从轻情节和个案具体情况的说明，培养公众运用法治思维的能力，引导公众对法院判决结果作出更加理性客观的判断。

（观察时间截至 2020 年 11 月 19 日）

7

# 高校热点事件中的涉法风险及应对建议

近年来，高校舆情频频引发舆论聚焦，部分事件还发酵为全社会广泛关注的公共舆情。一些热点舆情事件包含涉法话题，往往需要政法机关特别是公安机关介入处置，而政法机关一旦应对失当，很可能诱发负面舆情，折损自身权威。本文梳理自2019年以来20余起高校热点涉法舆情，根据事件性质分为6种类型，研判其中的舆情风险，并提出处置建议，供有关部门参考。

## 【舆情事件】

### 1. 恶性犯罪案件

此类事件与政法机关直接相关，政法机关"管不管""怎么管""管得如何"都处于公众审视之下，因此是最容易触发舆情风险的类型。主要包括两种情形：一是高校学生涉嫌刑事犯罪。比较典型的就是浙江大学努某某强奸案。2020年7月，浙江大学作出处分决定称，该校2016级学生努某某因犯强奸罪（犯罪中止），被杭州市西湖区法院判处有期徒刑1年6个月，缓刑1年6个月，学校给予该生留校察看一年处分。事件引发舆论震动，学校处置遭到网民猛烈批评。还有9名女生反映称曾在努某某缓刑期间遭到猥亵或侵害，网民对政法机关"失察"的质疑持续扩大。二是高校学生卷入刑事案件。2019年12月18日，沈阳大学在读研究生王某宇爆料称，其因奖学金问题与同学发生矛盾被严重刺伤，但沈阳公安大东分局洮昌派出所在立案89天后，仍以证据不足推脱办案。而在爆料帖发布10小时后，沈阳市公安局回应"正在抓捕嫌疑人"，前后反差令网民质疑涉事公安机关不作为，事情不曝光就不解决。

2. 自杀事件

这类舆情的特点在于事件本身具有较大突发性，且事件后果比较惨烈，能够在短时间内对公众情感形成冲击。另外，公众出于猎奇等心理，也急于想知道事件背后有何隐情。在多重因素的叠加作用下，此类事件通常会发酵成为热点舆情。2019 年 12 月，北京大学法学院女生包丽（化名）因与男友牟某翰发生情感纠纷而服药自杀，媒体报道称包丽长期遭受男友精神暴力，如被要求拍裸照、做绝育手术等，包丽母亲称 2019 年 11 月份已向北京警方报案，但迟迟未收到警方通知。舆论场上“法律无能为力”“强烈要求追究刑事责任”等观点涌现，公安机关备受指责。2020 年 6 月，北京警方以涉嫌虐待罪将牟某翰刑事拘留，网民的愤怒情绪才有所缓解，但对办案进展的追问仍在持续。2020 年 6 月，山西中北大学大二学生时某某因补考作弊被监考老师没收试卷，学生离开考场不久后坠楼身亡，校方是否需要承担法律责任引起网络热议。

3. 失联事件

2020 年以来，大学生尤其是女大学生失联事件维持着较高的曝光度：3 月 8 日，在上海读大学的大二女生在家乡广西柳城失联；7 月 8 日，南京女大学生黄某某赴青海旅游后失联；7 月 9 日，又一名南京女大学生李某某在云南边境失联。目前，事发地公安机关均已介入调查。从此前的数起同类事件来看，“失联”意味着凶多吉少，甚至还可能涉及刑事案件，各地公安机关已具备了一定的舆情敏感意识，在调查寻人、信息通报等方面都表现出较好的应对能力，舆论认可度较高。

4. 性骚扰事件

高校教师性骚扰学生是近年来涉高校舆情常见类型，部分受害学生除了向学校反映外，会第一时间报警。因此，公安机关的处置应对备受舆论关注。2019 年 11 月 1 日，中央美术学院学生就教师姚某某涉嫌性骚扰向公安机关报案，并在网络上发布举报的有关细节，引发网络关注。公安机关调查认为，现有证据无法认定姚某某有违法犯罪事实，作出不予立案决定。部分舆论对此警方结论持有异议，猜测警方并未认真调查。此外，2019 年 12 月，浙江宁波大学一黄姓副教授被指性骚扰女生，受害女生在向学校反映情况的同时向当地派出所报警；2019 年 12 月 6 日，上海财经大学教授钱某某被曝猥亵女学生，警方表示已介入调查。

5. 校园欺凌

此前，校园霸凌类舆情常出现于中小学，但近年来高校霸凌事件也有曝光。2019 年 5 月 29 日，太原师范学院大二学生“@ 王芝芝会有狗的”发布微博自述遭受来自室友的“校园暴力”，包括被起侮辱性外号、被扒衣服拍视频甚至被偷拍发裸照等，该微博“@”了太原市公安局官微。随后，有网传信息称当事人多次报警但警方仅出警一次且并无实质性处置、学校压制当事人发声迫其删帖道歉，网络舆情迅速发酵。“@ 中国警方在线”点名山西、晋中两地警方官微，称“校园欺凌应及时报警”“起侮辱性绰号也属欺凌”，大量网民呼吁警方介入调查。但相关警方均默不作声，给舆论造成警方不作为的观感，大量不实信息谣言也趁机在网络泛滥。

6. 网络言行

涉及高校的热点舆情中，还有一类与学生的网络言行有关，因其影响恶劣，部分舆论呼吁公安机关介入处理。例如，在 2020 年 4 月，山东理工大学、江苏南通大学相继曝出大学生虐杀动物事件，舆论场中有不少声音认为，大学生虐猫杀狗，并在网络上发布、出售相关视频，不只是违背公序良俗原则，更是在寻衅滋事，涉嫌违法；中国科学院大学硕士研究生季某某在境外网站公然发布“精日辱华”言论，引发舆论愤慨，大量网民呼吁警方依法予以严厉打击。

## 【风险分析】

1. 前期办案招致不作为、慢作为的质疑

涉高校舆情由于事发场景多在高校内，往往由校方牵头处置。然而，在梳理上述案例时发现，如涉及恶性刑事案件、性侵、校园暴力等与人身伤害有关的违法犯罪时，受害人对于学校能否公正处理存有疑虑和不信任，更倾向于寻求公安机关介入。此时，公安机关立案与否、处警人员态度如何，在接处警过程中均潜藏舆情风险。如果公安机关的处理不符合受害人或家属的诉求，其往往会寻求网络爆料、媒体曝光等，控诉警方不作为、慢作为。例如，南京大学生在青海失联事件中，家属称南京警方“以人口失联不是刑事案件而未能立案”，部分媒体以“女大学生青海失联 18 天未立案”为话题，引发网民质疑警方不作为。南京市公安局江宁分局通过官方微博回应网络关切，详述警方工作，最终消除网络质疑。

2. 事中处置衍生“舆论倒逼”的风险

涉高校舆情往往具有一定的话题性，政法机关在介入处置后，其处置措施必将受到各方关注。此时，政法机关采取何种处置措施、调查处置时间合理与否、所收集证据是否充分扎实、定罪量刑能否依法公正，成为这一阶段可能催生舆情的主要风险点。此阶段，由于相关调查多在内部进行，如果没有公开通报，当事方爆料就成为公众了解进展的主要途径，导致舆论容易受爆料内容影响，对政法机关工作产生负面评价，进而出现“微博办案”“热搜办案”等“舆论倒逼”情形，对办案政法机关的司法公信力造成巨大负面影响。如沈阳某研究生因奖学金问题被同学刺伤一案中，涉事派出所在证据充分的情况下依然长期拖延办案，直到受害人微博曝光引发关注后问题才得以解决。沈阳市公安局在舆情发酵三天后作出通报，解释案件疑难原因，介绍案件办理过程，承认“主办民警一定程度上慢作为问题”，并处分了相关责任人员。

3. 后期信息发布刺激舆情反复的风险

政法机关在处置涉高校舆情过程中，虽然前期和事中的风险较为常见和高发，但并不意味后期环节不会产生舆情风险。相反的是，如果不能在这一环节做好信息发布工作，舆情管理就难以实现闭环，很大程度上会影响到舆论对前期工作的认同感和支持度。通常来说，缺少最终结果通报、信息发布内容存在“硬伤”、缺乏必要的释法说理、动态回应不足等，都可能刺激负面舆情发酵。上文提到的性骚扰事件，多数至今仍无法查到公开的处置结果，引发网民追问不止，还有网民将同类事件进行集纳，以此表达对类案处置结果的不满。

4. 压力传导过程中舆情焦点转移的风险

除了上述常见的直接风险外，政法机关还要警惕一些间接风险。有些舆情事件关注度较高，其责任主体在学校，但随着舆情发展，政法机关被卷入舆情，此前工作遭到舆论审视和评价。例如，在浙江大学努某某强奸案中，学校的处罚决定是引发舆情的关键，但是网民搜索发现，中国裁判文书网显示该案详情未予公布，原因系“人民法院认为有不宜在互联网公开的其他情形”。随后愤怒的网民贴出法院的判决书，有网民质疑法院为何认定强奸中止而不是强制猥亵、缓刑 1 年半是否量刑过轻，部分声音甚至还要求法院重审。

## 【处置建议】

综上可见，高校涉法事件已不再是局限于校园内部的小范围讨论，而是能引发全社会广泛关注的公共事件，政法机关在处置过程中均面临舆情风险，需要引起高度重视。法制网舆情监测中心提出以下三方面建议，供有关部门参考。

1. 明晰角色定位　主动履职积极作为

部分地方政法机关在面对高校舆情时，存在主体不明、角色定位不清等现实问题，并由此引发舆论追打。典型如太原师范学院校园欺凌事件，该校在太原市、晋中市均有校区，由于事发地点难以确定，山西省、太原市、晋中市的公安官微均被官微和网民“点名”呼吁介入处理。但两地警方均不作声，招致网民不满。2019 年，教育部、最高人民法院、最高人民检察院、公安部及司法部共同发布《关于完善安全事故处理机制维护学校教育教学秩序的意见》，明确要依法解决校园安全事故纠纷，建立多部门协调配合工作机制等。从这个意义上来讲，高校涉法舆情频发侧面反映出政法机关在相关要求的落实和执行上仍有进步空间。因此，政法机关还需立足自身职责，在面对涉及高校的案（事）件时要明晰自身角色定位，严格以法律规定为行为遵循，主动履职、积极作为，确保不越位也不缺位。

2. 保持舆情敏感　强化信息筛选机制

与一般网络舆情相比，涉高校的网络舆情往往具有瞬时、快速传播等特点，比起事后处置，政法机关有必要发现在前、预防在先，以防小事拖大，大事拖炸。政法机关需高度重视网络舆情线索的重要性，建立多层次、全方位的网络舆情信息收集和处理机制，对于那些指向明确、事件描述清晰、有基本证据佐证的网络爆料，要及时开展调查、核实等实体处置。另外，政法机关还需建立科学的信息分析和筛选机制，力图对收集的网络信息“去粗取精、去伪存真”，着力提升风险研判的精准度，为实体行动提供决策参考。

3. 加强部门联动　构建内部协调机制

高校舆情管理涉及政法机关、学校及主管单位等多个部门，政法机关在处置时需注意加强多部门间的沟通联动，构建科学、顺畅的内部协调机制，做好舆情通盘处置。比如，公安机关可发挥安全保卫联席会议制及综合治理委员会等机构优势，指导校方处理；检察机关可适时发出检察建议，指出校方管理漏洞，助力学校加强管理；对一些关注度高的重大案事件，必要时政法机关可以提级处置，由政法委等主管单位加强统筹协调，合力化解舆情危机。需要注意的是，在现实生活中，高校一方出于管理体制、社会声誉等多方考虑，可能会有瞒报、包庇、“和稀泥”等行为，导致政法机关“背锅”。这提示政法机关应保持主见，既要依靠校方与之做好配合，又要避免校方的一些“不合规”行为给办案带来阻力，影响办案效果。

4. 重视舆论呼声　做好对外信息发布等处置引导工作

除实体处置外，政法机关对案事件信息通报、办案进展等舆情引导工作同样不可或缺。首先，在信息发布主体上，政法机关需要根据不同舆情场景明确发声主体，即哪些案（事）件是由自己单独发布，哪些可以与校方联合发布等，做到分工明确，有章有序。其次，在发布内容方面，政法机关释放的信息需切中肯綮，一击即中：对于舆论关切的事件疑点，政法机关需给出解释说明；对舆论因不了解、不清楚而产生的误读甚至质疑，要及时澄清；对恶意的网络传言、谣言搅乱网络正常秩序，甚至抹黑政法机关的，要予以坚决回击，依法惩处。另外，从当前收集的案例看，相当一部分事件仍处于“进一步调查中”，政法机关需以此为鉴，及时公布处置进展和结果，防止舆情“烂尾”消解政法机关的执法司法权威。

（观察时间 2019 年 1 月 1 日至 2020 年 8 月 6 日）

# 8

# 浅析动物保护热点事件的发酵模式及风险

**编者按：**近年来，涉动物保护舆情事件中频繁出现动物保护人士和组织的身影，他们积极发声表态并诉诸行动，逐渐成为一支舆论力量，对动保类舆情的发生、发酵产生了重要影响。法制网舆情监测中心以近三年涉动物保护事件为例，分析此类舆情背后极端动保人士和组织的炒作方式，总结其中潜藏的政法舆情风险，供有关部门参考。

## 【舆情事件】

1. 山东理工大学学生“虐猫”引发“反虐待动物立法”呼吁

2020年4月8日晚，“@霸气旧菜菜”等网民发布图文微博称，山东理工大学大四学生范某某残忍虐杀流浪猫，还通过微博、QQ等社交平台宣传并贩卖虐猫视频。此事一经曝光即引发众怒。4月15日，山东理工大学发布公告称，依据学校学生学籍管理规定，对范某某予以退学处理。

据封面新闻报道，举报人“@霸气旧菜菜”等多名动物保护人士均遭到范某某等虐待动物组织成员的非法人肉，不仅个人信息被泄露，甚至还遭到死亡威胁。对此，受到威胁者已报警，深圳、云南等多地警方已受理相关案件。另据《新京报》等媒体报道，4月27日，全国各地关注“反虐待动物立法”的志愿者一起发起了联署签名呼吁立法活动，短短4天时间即获得逾100万人联名支持。4月30日，12位动物保护人士以“范某某虐猫行为致其分别出现焦虑、抑郁、血压升高等身体状况，严重影响身心健康”为由，分别在当地法院向范某某提起健康权纠纷民事诉讼，这在国内尚属首次。还有反虐待动物志愿者向媒体透露，他们自发组成了民间反虐待动物团体，2020年全国“两会”前已联系到了98位全国人大代表，将通过提议案、建议的方式推动反虐待动物立法。

2. 安徽动物保护人士高速追车救狗超速被罚款后“在线求情”事件

2019年3月20日，安徽省安庆市小动物保护协会（以下简称“安庆动保协会”）官微“@安庆市小动物保护站”称，3月13日，该协会为追击一辆运狗车行驶超速，被安庆交警扣12分，罚款1400元。该协会在线求情，希望交警能够“法外开恩”，获得了部分网民的声援与力挺。次日，“@安庆公安交警在线”正面回应称，将“严格依法处理”。安庆动保协会相关负责人对媒体表示，已经认识到超速和发微博求情的行为错误，删除相关微博，并称事后已了解到该辆车上运输的狗来源合法。这起“追狗”风波引起网民热议，多数网民支持交警做法，认为超速行为已经严重威胁到了他人人身安全，应当依法予以严惩。

3. 湖南长沙民警当街棒杀金毛犬遭遇网络暴力事件

2017年12月31日下午，有网民发微博称，在湖南省长沙市芙蓉路上，一条金毛犬被民警当街棒杀，画面血腥。当日稍晚时分，长沙市公安局天心分局回应称，有人报警称被该金毛犬咬伤，民警赶到现场后发现未配麻醉枪，且短时间未找到狗主人，便用木棍进行扑杀。2018年1月1日，天心区公安分局公布事发时的两段视频，视频显示，金毛犬确实存在攻击多名路人的行为。还有目击证人称，“民警打狗的过程不足半小时，并非网传的4小时”。

然而舆情并未因警方回应而结束。有参与打狗的民警反映，其个人信息遭遇泄露，且不断收到辱骂、恐吓信息，甚至家门口被爱狗人士放置花圈，涉事派出所电话也被轮番拨打，致正常报警电话无法接入。另外，天心区某派出所一名辅警发微博称，因长得像扑杀金毛犬的民警，有人将他的信息公布在网络上，导致其收到大量骚扰信息，手机已处于停机状态。对此，《环球时报》等媒体表示，民警在工作中存在的方式方法可以探讨纠正，但非法“人肉”和恶意骚扰民警以及扰乱公安部门正常工作的极端行为，必须坚决抵制并依法制裁。面对不断发酵的舆情，2018年1月7日，天心区公安分局通报称，周某某等2名违法行为人公然散布现场处置人员个人信息，已涉嫌违法，被天心区公安分局处以行政拘留5日的处罚。

【舆情分析】

近年来，随着动物保护组织话语权的提升和运作模式的成熟，炒作网络舆情、带节奏的倾向日益明显。主要体现为以下四个方面：

1. 主动发声　博取舆论关注

多起动物保护事件中，动物保护人士都充当了“曝光者”的角色。他们利用社交媒体，对各类虐待、遗弃动物的行为进行曝光，呼吁社会关照无人照看的流浪动物或宠物，频频引发舆论聚焦。比如，2020年2月，受到新冠肺炎疫情影响，武汉当地的宠物救助暂停上门喂食服务，宠物动物生存状况艰难。对此，“@武汉市小动物保护协会”“@荆楚建言小组”等动物保护人士及组织发出微博，呼吁关注“救助留守宠物”，还提出“允许宠物店长和帮他人喂食宠物的人外出”“允许宠物急救车上路”等诉求，引发部分网民质疑“人不如动物”。另外，部分动物保护组织还擅长策划营销，他们招募大量人员、拨付经费，专门负责就某一动物主题策划专题，甚至采用虐待动物、摆拍炒作等反向营销手段博取关注。这些信息在微信、微博、知乎等各类社交平台上传播后，极容易激发普通网民的恻隐之心。

2. 煽动情绪　挑动观点对立

除主动制造舆情外，动物保护人士和组织还是此类舆情的传播者和扩散者。一旦发生涉动物保护事件，动物保护人士或组织会迅速发声表态，抢先占据道德高地。同时，一些知名博主、爱心人士等则通过转发微博、接受采访等方式引导舆论方向，刺激舆情不断高热。有舆论指出，“发现舆情—转发扩散—相关部门重视”已经成为动物保护界一种相对成熟的、自下而上的惯用传播模式。更有甚者，一些极端动物保护人士和组织还积极发展“水军”等舆论力量，以人肉搜索、造谣传谣等非法手段持续炒作、带节奏，制造群体焦虑与观点对立。比如，在湖南民警当街棒杀金毛犬一事中，“@将动保进行到底”等极端账号故意断章取义、移花接木，大肆散播“警察当街虐狗4小时”“公安暴力执法”等谣言。此后，尽管警方公布了金毛犬伤人视频、伤者就诊证明等证据，还是有人声称“金毛犬很温顺，从不伤人，肯定是警察瞎编”，继续煽动“网络追杀令”，向当地警方施压。

3. 越界“执法” 冲击社会秩序

在我国，有关动物的执法工作通常是由多个部门联合开展，并没有专门的针对动物保护的执法机构。一些打着动物保护旗号的所谓“爱心人士”开始越俎代庖，不但以“执法者”的角色自居，大肆宣传其在动物保护方面的作为，表示“要将爱心志愿者日常执法常态化，以实际行动捍卫动保威严”，还在现实生活中屡次上演“高速拦车救狗”、街头聚集等极端“戏码”，对正常经营生活和交通秩序形成冲击。例如，在网上搜索“高速拦车救狗”就会发现，近年来类似事件已经多次发生，有声音指出，偏激的动物保护人士“高速拦车救狗”已经形成一套极为完善的行动模式，在行动上有组织、有分工、有计划，他们“看似在保护小动物，其实是在利用暴力抢夺、威胁以及鱼死网破的手段对不符合自己价值观的异己进行矫正甚至清理”。

4. 言论反动 攻击国家制度

动物保护组织人员众多，情绪容易被煽动，组织性和社会动员力强，这些特点备受境外敌对势力“青睐”，长期以来，利用动物保护组织是境外敌对势力的惯用套路和伎俩。因此，一些敌对势力大肆鼓吹西方价值观，采用资金扶植、培训骨干、团队洗脑等方式对我国动物保护人士和组织进行意识渗透和行为控制。在潜移默化的熏陶下，一些极端动物保护组织已发生“质变”，从单纯的爱护动物转为从事政治活动，其公开言论也充满反动论调。比如，“@ 中国小动物保护志愿者”、“@ 将动保进行到底”（已销号）、“@ 动保立法委网巡组”（已销号）等微博账号虽然认证为“视频自媒体”“萌宠博主”等，却造谣“搜救犬刚从四川宜宾震区撤离，震区就全面捕杀犬只”、宣扬“中国人道德低下，西方人道德高尚”。他们还对社会中发生的热点事件妄加评论，将个案上升至对我国政治体制和法律制度的诋毁和攻击。例如，2020 年 5 月，“@ 中国小动物保护志愿者”发文称，“中国人胡吃海喝，将病毒传给了全世界”，该微博同时艾特了美国驻华大使馆；其还在转发多起国内涉动物保护事件时设置“# 美国暴乱 #”话题，制造舆论混乱。

【风险研判】

根据以上分析可知，一些动物保护组织已经不是单纯的民间公益组织，而是深度参与政治议程，影响国家法律政策的制定与出台，具有鲜明的政治属性和诉求。而这种特质投射到舆论场中，将给政法机关带来舆情隐患。

1. 警惕裹挟舆论干预立法执法司法工作

动物保护人士认为，在虐待、偷盗、毒杀猫狗背后存在贩卖猫狗肉黑色产业链，因此一旦出现类似事件，他们会向执法机关求助，公安机关则是第一道关卡，其如何处置备受关注。如果动物保护人士对警方做法不满，很可能通过网络发声，形成联动声援，将矛头指向执法部门。与此同时，大量此类网帖都带有“# 呼吁动保全面立法 #”“# 立法禁食狗肉 #”等标签，这意味着一些动物保护人士的最终目的就是干预立法。司法层面的风险在于：一方面，对于动物致人伤亡等民事侵权案件，法院的裁决结果可能面对来自动物保护群体的压力；另一方面，动物保护组织或人士发起的公益诉讼或集体诉讼也有增多趋势，如微信公众号“动物救助法律探索”曾发消息称，上海动物保护组织将尝试对虐待动物行为发起公益诉讼，要求将违法者合法地公布于众。

2. 警惕人肉搜索、网络暴力等行为冲击网络秩序

近年来，涉动物保护舆情中，动物保护组织极力营造一种“泛道德化”现象，将侵犯动物权利的行为划进不道德范围并发动道德审判。在这种观点驱动下，针对网络人士甚至执法司法人员的人肉搜索、网络暴力、恶意举报行为屡见不鲜，严重破坏了网络空间的正常秩序。在动物保护群体内部，各方也会因观点、标准不同等产生冲突。比如，仅在“生病的小动物是全力救治还是人道安乐”问题上，就有所谓的“救助派”和“安乐派”两股势力，双方立场针锋相对，甚至还互相诋毁举报。受此网络戾气影响，特定人群的思想可能更为极端化，从而诱发线上线下冲突。

3. 警惕极端动物保护行为升级影响社会稳定

从当前曝光事件看，动物保护群体借助其强大的社会动员力已经对相关部门执法工作形成阻碍。更为严重的是，在境外思潮的蛊惑下，极端动物保护主义苗头在国内已有所露头，一些动物保护人士打着“保护动物、维护公平正义”口号，实施“高速飞身拦车”“花圈威胁民警”“造访驻京机关”“短信电话轰炸政府”等极端行为，给社会秩序和社会安全造成极大冲击。我国发生群体性、聚集性事件的风险有所增加。因此，政法机关务必要提高警惕、谨慎处置，防范个体事件发酵升级成全国性热点话题，破坏社会稳定大局。

（观察时间截至 2020 年 9 月 3 日）

# 趋势研究

FAZHIGUANCHA

1

# 近期影响经济社会稳定的四类风险解析

**编者按：** 目前，境内外疫情防控已出现明显的两极分化趋势，国内疫情已基本得到控制，境外疫情仍处在快速传播和反复发酵的过程中。与此同时，以中美关系为代表的国际地缘政治关系不确定性日趋增加，相关影响和波动也对国内经济社会产生影响。近期，政法机关须对疫情防控、经济安全、金融安全、粮食安全等领域衍生的一些苗头性风险，加以关注和重视，做到精准研判、防范在先，有针对性地采取预防和处理措施，有利于压缩风险发酵空间，为经济发展和社会稳定营造良好氛围。

## 一、行业“爆雷”“跑路”风险显增

得益于疫情防控上的积极努力，我国的经济复苏走在全球前列，多项经济指标年内首次由负转正。然而，全球疫情和国际局势的冲击催化了国内一些长期积累的结构性矛盾，近期我国经济金融层面频繁出现负面舆情或苗头性风险，对社会稳定造成影响，突出表现为以下四点：

第一，平台企业频繁“爆雷”影响社会稳定。2020 年以来，国内长租公寓市场、教育培训市场受疫情影响明显，相关企业资金压力巨大，浙江、江苏、北京、四川、湖北等多省市相继出现长租公寓企业“爆雷”、教育培训机构“跑路”等案例，受骗群众在经济受损的同时还面临维权渠道不畅的窘境。其中北京优胜教育欠费“跑路”甚至引发公共场所群体性维权事件，给社会稳定带来明显冲击。

第二，部分跨国外企将在华供应链移出产生失业风险。近年来全球化的步伐已有所放缓，中美关系不确定性逐渐增加以及新冠肺炎疫情在全球持续蔓延，加速了部分跨国企业反全球化的步伐。据国际知名的渣打银行最新调查显示，约有 70% 在华外资企业考虑至少把一部分产能迁往境外，以分散可能产生的风险。2020 年 10 月底，全球最大工具制造商“史丹利百得”宣布关闭深圳工厂，数千名员工面临失业风险，间接增加了社会不稳定因素。

第三，房地产企业资金链脆弱存在大面积破产风险。近年来，面对房地产价格快速上涨的局面，政府层面一直在进行各类调控，依赖高杠杆经营的房地产开发商面临着资金链断裂和破产的风险，突如其来的疫情更是加大了这种风险。截至 2020 年 10 月 29 日，在人民法院公告网发布破产清算公告的房地产企业已高达 294 家。2020 年 9 月，网传“恒大集团资金链断裂、负债高达 8000 多亿向政府求救”轰动舆论场，尽管恒大官方很快辟谣澄清，但不少业界声音指出，房地产行业出现危机后牵涉面非常广泛，不仅涉及大量购房者、个人投资者，还涉及诸多银行、信托、私募股权等金融债权机构，一旦恒大地产现金流断裂，引发金融系统性风险的可能性较大。

第四，银行、信托业风险压力明显加大。近期五大国有银行相关财报显示，净利润和坏账情况都出现不同程度的恶化，而企业还债高峰可能在 2021 年年中出现，各大银行在未来几个季度将持续面临压力。而央行发布的《中国金融稳定报告（2020）》首次以专题形式提示信托行业风险，指出少数信托公司已劣变成高风险机构。相关部门需要警惕金融领域风险向社会领域传导的可能，此前包商银行破产事件就是例证。

## 二、疫情防控管理措施诱发不稳定风险

在外防输入的压力不断加码情况下，进入秋冬季以来，多位权威专家指出，当前我国境内疫情防控仍有较多不确定性因素，疫情存在反弹风险。近段时间，大连、乌鲁木齐、青岛、喀什均发生本土病例，其中无症状感染者居多，疫情散发原因多与冷链食品有关。为了应对疫情，上述地区政府均第一时间采取了防控措施并开展大规模核酸检测，有效阻断疫情

扩散。但与此同时，与疫情感染人数、感染源头、是否封城等方面的谣言快速传播，如“新疆库尔勒封城”“疫情来自哈萨克斯坦”“青岛确诊71例”等，由于部分谣言处置偏慢，一定程度上加剧了当地民众的恐慌情绪，甚至激化矛盾冲突。此外，部分地区政府在疫情防控过程中缺乏精细化管理和舆情风险意识，导致群体冲突和炒作风险上升。例如，2020年7月，在辽宁大连市开展全市疫情核酸检测过程中，网络及敌媒多次曝光当地出现大量人员无序聚集检测的情况，多起因争抢检测打架斗殴的事件在抖音等短视频平台传播；乌鲁木齐疫情防控期间，当地社区禁止居民下楼等严厉措施引起不满，当地网民在微博话题跟帖呼吁政府“放宽限制”。

特别需要指出的是，近期高校敏感舆情呈现高发态势，对疫情防控造成不小的考验。首先，秋季开学后，各地高校实施了封闭管理校园的办法，严格限制学生离开校园，不少学生表达对外出求职实习受阻、校内物价上涨、校外人员管控松弛等问题不满，个别学校还爆发“集体喊楼”事件。这些情况的出现，提醒高校管理者认真评估、科学施策，切忌用“一刀切”的方式封堵学生诉求激起群体事件。其次，秋季开学后，各地高校除了严防新冠肺炎疫情外，还需注意防范其他疾病在校内流行。2020年10月，山西财经大学发生学生感染诺如病毒事件，28人住院治疗；同月，江苏师范大学有数十名学生被发现患有肺结核。一个月内，连续两所高校曝出校园公共卫生事件，再度引发舆论对高校突发公共卫生事件治理机制与能力的关注。

## 三、恶性刑事案件多发冲击公众安全感

2020年9月至10月间，国内恶性刑事案件多发，梳理发现，这些案件主要涉及以下几种类型：一是针对弱势群体的暴力犯罪。例如，9月下旬，广州番禺、江苏苏州连续发生针对幼儿园儿童的伤害案，致多名幼儿伤亡。二是校园伤害案件。9月28日，湖北仙桃市高中学生校内杀人事件，致2名女生死亡。三是精神病人伤人事件。9月以来，上海、云南、江苏，

相继发生精神病人砍人事件，致多人伤亡。四是因个人纠纷酿成的恶性犯罪。例如，10 月 9 日，内蒙古武川县发生重大刑事案件，一名村民因琐事持刀行凶致 3 死 2 伤，其中 1 名调解的民警遇害。这些案件多发生在公共场所，被害者主要为弱势群体和无辜群众，伤害儿童、精神病伤人等类型案件还存在连续发生的情况，在网络上引起叠加效应，直接影响网民对公共安全的感知，导致部分网民将恐慌、不满等非理性情绪发泄到政法机关身上。因此，政法机关需及时妥处此类恶性刑事案件，依法严惩违法犯罪行为，为“平安中国”建设营造良好舆论氛围。

## 四、炒作粮食安全话题制造恐慌情绪

2020 年以来，新冠疫情在全球的持续蔓延，带来越来越多的连锁问题，其中粮食安全风险上升。随着国际粮食市场出现波动，恐慌情绪开始向我国国内扩散。从部分地区遭遇洪涝灾害到个别国家发布粮食出口禁令，从夏粮收储量下降到“抵制餐饮浪费”倡议，从四川省发布粮食安全保障条例草案鼓励“藏粮于民”到多家粮食企业散布“大米涨价”谣言，有关粮食安全的消息频频登上热搜，一些投机资本为囤积居奇，故意炒作粮食危机，抬高粮食价格，煽动部分群众的恐慌情绪。与此同时，境外敌对势力不断发布夸大事实、炒作“粮荒”的报道，相关信息倒灌至国内后，与不良自媒体散布的网络谣言相呼应，引发局部性的囤粮风潮。我国一直把保障粮食安全作为重中之重，并将其上升到国家战略安全的高度，有关部门对于这类带有潜在社会稳定风险的信息，需要加强防范并采取有效措施应对处置。

（观察时间截至 2020 年 10 月 29 日）

2

# 2020 年第三季度政法机关舆情应对能力摘星榜

**编者按：** 2020 年第三季度，法律法规方面的调整与完善受到舆论聚焦，如立法制止“餐饮浪费”问题引发广泛讨论，未成年人保护法修订频频引发热议。在政法领域，扫黑除恶专项斗争进入决胜收官阶段，一批批典型案例被曝光，公众对此拍手称快；全国政法队伍教育整顿试点工作正式启动，多地政法干警落马或投案自首，对政法队伍整体形象造成的影响也需引起重视。舆情特征方面主要表现为，恶性刑事案件多发突发，涉法舆情反转现象凸显，旧案舆情风险上扬等。本文从第三季度的政法热点舆情中选取 12 个典型案例，依据舆情应对能力评估模型，从时度效三个维度分析政法机关的舆情应对工作，总结经验和教训，形成本季度舆情应对能力摘星榜，以供参考。

| | 应对速度 | 应对态度 | 应对技巧 | 信息质量 | 动态发布 | 防止再炒作 | 公信力修复 | 专业认可度 | 媒体认可度 | 网友认可度 | 总分 |
|---|---|---|---|---|---|---|---|---|---|---|---|
| “鲍某某案”调查结果公布 | 9.8 | 9.6 | 10.0 | 10.0 | 9.6 | 10.0 | 9.4 | 10.0 | 9.8 | 9.0 | 97.2 |
| 贵州安顺公交车坠湖事件 | 10.0 | 9.3 | 8.4 | 8.7 | 10.0 | 8.3 | 8.7 | 8.7 | 9.0 | 9.0 | 90.1 |
| 北京郭文思减刑案 | 9.0 | 8.7 | 9.0 | 9.2 | 8.4 | 9.7 | 9.0 | 8.8 | 8.8 | 8.0 | 88.6 |
| 杭州女子失踪案 | 4.4 | 7.9 | 8.4 | 8.4 | 7.9 | 8.3 | 9.0 | 8.7 | 8.7 | 9.0 | 80.7 |
| 云南李心草溺亡案一审宣判 | 7.6 | 7.8 | 6.0 | 6.8 | 5.1 | 5.6 | 6.0 | 6.6 | 6.2 | 6.4 | 64.1 |
| 内蒙古等地“纸面服刑”案件 | 5.8 | 5.0 | 6.0 | 6.0 | 6.0 | 2.5 | 2.6 | 5.6 | 5.7 | 5.0 | 50.2 |
| 张玉环再审改判无罪 | 6.3 | 5.0 | 5.2 | 6.0 | 4.3 | 2.7 | 4.4 | 4.4 | 4.5 | 3.8 | 46.6 |

续表

| | 应对速度 | 应对态度 | 应对技巧 | 信息质量 | 动态发布 | 防止再炒作 | 公信力修复 | 专业认可度 | 媒体认可度 | 网友认可度 | 总分 |
|---|---|---|---|---|---|---|---|---|---|---|---|
| 湖南高中生踹伤猥亵者被刑拘事件 | 5.8 | 4.7 | 4.6 | 4.6 | 4.0 | 3.3 | 3.0 | 4.5 | 4.9 | 4.3 | 43.7 |
| 吉林《平安经》事件 | 5.0 | 5.2 | 4.2 | 4.4 | 5.2 | 3.0 | 3.0 | 3.4 | 3.8 | 3.4 | 40.6 |
| 江西乐安曾春亮案 | 2.0 | 1.0 | 1.4 | 2.8 | 2.6 | 1.8 | 2.0 | 2.0 | 2.0 | 2.0 | 19.6 |
| 谭松韵母亲被撞身亡案 | 1.4 | 1.6 | 1.3 | 1.3 | 1.0 | 2.5 | 2.3 | 1.3 | 1.3 | 1.3 | 15.3 |
| 罗冠军梁颖事件 | 1.0 | 1.0 | 1.0 | 1.0 | 1.0 | 1.2 | 2.0 | 1.0 | 1.5 | 1.0 | 11.7 |

## TOP.1 “鲍某某案”调查结果公布

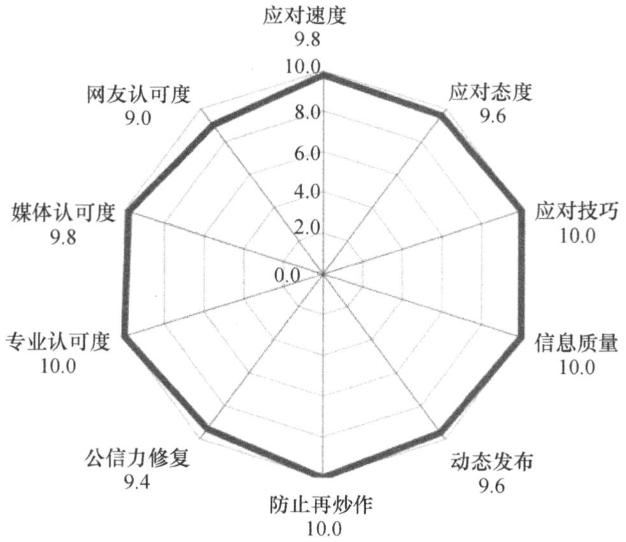


### ■ 事件概览

2020 年 9 月 17 日 15 时许，最高人民检察院、公安部分别通过头条号、微博等官方新媒体账号，就备受瞩目的鲍某某涉嫌性侵“养女”一案作出通报。通报称，鲍某某行为有违社会伦理道德但不构成性侵，两人见面时韩某某已经成年，且以“收养”名义交往发展为两性关系，韩某某提供的陈述性内容和有关证物与事实不符等。此后2小时内，北京、山东、安徽等地相关单位陆续发声：北京市司法局以鲍某某取得外国国籍隐瞒不报、材料虚假为由，吊销其律师执业证书；烟台警方连续发布两次通报，依法执行公安部对鲍某某驱逐出境决定，并针对基层办案单位民警执法态度流程等问题整改；安徽省太和县委针对韩某某户籍年龄造假问题问责、纠正，12名涉案人员被追责处理。

■ 应对评点

自2020年4月起，因鲍某某案引发的舆情余震不断，舆论关注热情一直不减。对此，最高人民检察院、公安部等各级政法机关稳扎稳打，交出了一份漂亮的高分答卷。实体方面，联合调查组用走访调查、现场勘验、骨龄鉴定等大量而细致的工作夯实证据细节，为线上通报奠定基础。在舆情引导上，政法机关部署安排也颇为讲究：联合调查组先一步发声，就舆论最关切的案件定性、户籍造假等关键问题详细回应；司法局、公安局等涉事单位紧随其后，分别就涉及各自部门的遗留问题通报处置，特别是烟台警方依法将鲍某某“送出国门”的举动令网民累积的愤懑情绪充分释放，此后舆情快速降温直至平息。此次线下工作扎实、有始有终，线上多部门密切联动、一气呵成，通报内容严丝合缝、互相呼应，堪称2020年第三季度热点网络舆情应对的标杆案例。

■ 经验・教训

如果说政法机关对鲍某某案的前半程处置造成先失一城的被动局面，那么此次后半程则是逆风翻盘的典范。回顾近年来与性侵案件有关的热点事件，舆情发酵之处就指向政法机关，屡屡对政法公信力形成冲击。政法机关面对此类舆情该如何展开处置，才能扭转负面认知、收获信任，鲍某某一案为政法机关提供了参考。首先，由于此类案（事）件涉及性侵，代入感和舆论共鸣度较强，政法机关必须高度重视舆情，以快速行动回应舆论关切；其次，面对事件错综复杂的来龙去脉，政法机关的线下调查工作需做足做细，确保证据链条完整、逻辑自洽；最后，权威通报的内容必须要直击舆论痛点，力求定性准确、惩处适当，令舆论能顺理成章接受调查结果，认可官方处置结论。

## TOP.2 贵州安顺公交车坠湖事件

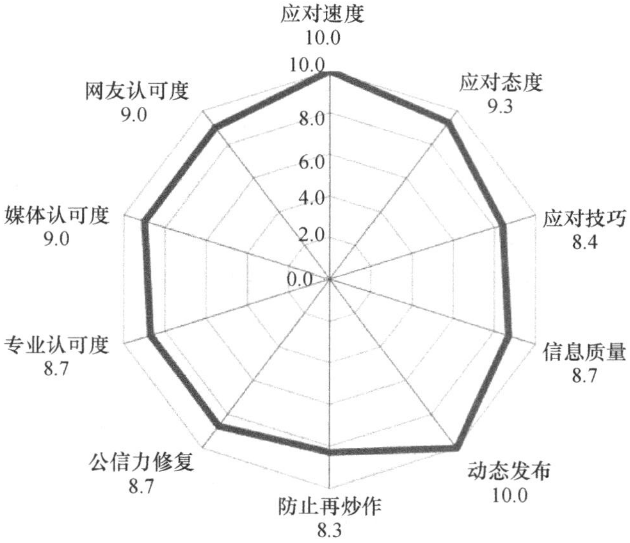


### ■ 事件概览

2020 年 7 月 7 日中午，贵州省安顺市突发公交车坠湖事故，当地应急等部门第一时间展开救援行动，应急管理部、公安部相继派出工作组指导工作，并要求查明事故原因，依法追究责任。据官方通报，该事故造成 21 人死亡、15 人受伤。与此同时，司机是“钉子户”、多次投诉拆迁办无果等说法传播，多数舆论推测可能是司机蓄意报复社会。7 月 7 日深夜，公安部新闻中心官方微博“@ 中国警方在线”发文表示，公安部副部长率工作组指导事件原因调查工作，贵州省公安厅已成立专案组展开调查。7 月

12 日，安顺市公安局通报称，事故发生原因系驾驶员张某钢生活不如意和对其承租公房被拆不满而蓄意报复社会。主流舆论谴责涉事司机的极端罪行，少数舆论关联房屋拆迁一事，呼吁倒查房屋拆迁工作的合法合规性。安顺官方对此作出回应说明，表示将深入调查。

■ 应对评点

事件发生后，相关部门迅速采取行动，依法处置和舆论引导各环节表现可圈可点。一是稳妥善后，在应急、公安等部委和贵州省、安顺市政府多方工作下，一系列救援、善后工作得以快速开展，事件原因调查也在同步推进，有效安抚了焦灼的舆论情绪。二是权威回应，救援过程中，贵州当地的政务新媒体联合“@ 央视新闻”等权威媒体，动态发布救援进展、伤亡统计、收治情况、善后措施等信息，满足公众的信息渴求。对于舆论高度关切的事故原因，当地公安机关在公布调查结论时，辅以全面细致、逻辑清晰、证据链条充分的信息还原案件经过，明确案件性质和法律依据，充分赢得公众认可。三是及时辟谣，官方对“司机女儿去年高考失利在事发水库自杀”等不实传言作出澄清并依法立案调查，有力阻断了谣言的扩散。

■ 经验・教训

在当下的舆论环境中，报复社会类犯罪严重影响公众对社会安全的感知，普遍被当作一种社会问题来加以讨论和反思。这类犯罪主体多为社会弱势群体，从社会治安综合治理的角度来说，除了事后公权力部门依法从严从快打击犯罪、妥善安置受害者之外，更多的工作和措施需要前置，比如通过一系列手段构建犯罪预防、司法救助以及心理疏导的长效机制，加强源头治理和重点区域防范，严防此类悲剧再次发生。值得注意的是，报复社会类案件固然有制度性、系统性问题的影响，但不意味着每一起案件都需要上升到社会层面，因此政法机关在处理具体个案时，还可将侧重点放在探究个体人格缺陷与障碍对犯罪的诱发作用之上，引导公众理性看待，避免滋生群体性的恐慌情绪。

## TOP.3　北京郭文思减刑案

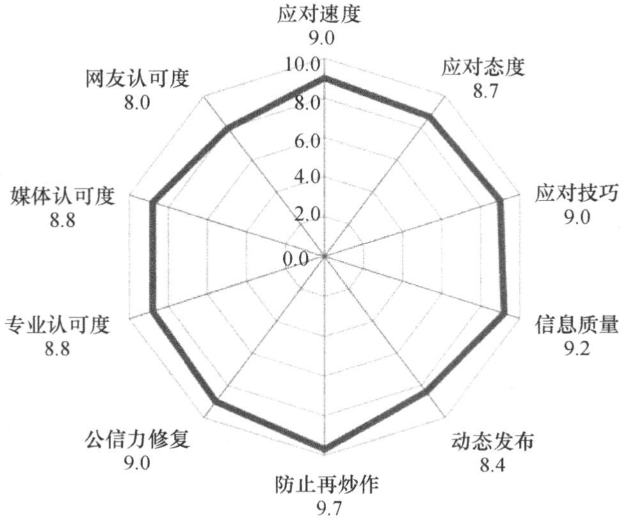


### ■ 事件概览

2020 年 3 月以来，北京刑释人员郭文思殴打老人致死及其 9 次减刑事件持续引发热议，北京市委政法委牵头成立的联合调查组介入调查。2020 年 9 月 13 日，北京市纪委监委官方微信通报称，郭文思之父郭万普以直接或通过他人请托监狱系统、检察院、法院相关工作人员，并给予款物的方式，帮助郭文思快速减刑。时任市监狱管理局副分局长刘永清等 9 人被开除党籍、开除公职（取消退休待遇）处分。此外，郭文思减刑案中其他多名违纪违法人员受到党纪政务处分，失职失责人员被严肃问责。随后，北京市委政法委、市高院、市检察院、市司法局、市监狱（戒毒）局分别表态，表示将对郭文思历次减刑案件进行复查、全面加强对监狱戒毒工作重点领域和关键环节的监管等。主流舆论肯定官方通报回应了社会舆论关切，有力震慑了违纪违法行为。

### ■ 应对评点

从通报结果来看，案件调查、责任人处分等实体工作扎实有序，让公众看到相关部门一查到底的决心。从舆情应对的角度来看，北京市纪委监委发布通报后，以北京市委政法委为首的5家政法单位迅速表态，多部门联动发声，且内容专注于各自在案件中的角色和职责，传递出各部门依法办案的积极信号，满足了公众对权威信息的需求和期待。而各方步调统一的应对动作也离不开前期充分的舆情工作部署。通报发出后，各大媒体及时发声，肯定案件调查结果，反思制度漏洞，“@央视新闻”“@人民网”及部分涉事单位“双微”平台评论区评论、留言均以肯定相关通报和表态为主，这也表明相关部门在舆论引导特别是网评工作中下足了功夫。

### ■ 经验·教训

北京市相关部门的处置有两点经验值得借鉴。一是确保重大舆情不“烂尾”。面对这样一起已引发全网关注的热点案件，尤其是当其中暴露的“减假暂”制度性缺陷和钱权交易、腐败等问题打破了公众对公平正义的期待时，舆情不“烂尾”既是对公众的交代，也能在很大程度上重塑执法公信力和政法机关的社会形象。二是重大舆情处置需有全面充分的部署和引导预案。“减假暂”案件牵涉多家政法机关，如何准确处理将负面影响降至最低，同时还要引导舆论正确看待案件的积极意义，需要前期充分的研判和部署，以保证舆论讨论不偏离预定的轨道。此外，完善“减假暂”制度漏洞、强化对刑罚变更执行案件的监督等工作也应提上日程，以对接舆论期待，避免危机重现。

## TOP.4　杭州女子失踪案

### ■ 事件概览

2020年7月16日，一起杭州女子失踪案在网络走热，案件离奇情节迅速引发网民猜测。杭州市四季青派出所工作人员表示，该案已于7月19日移交江干区公安分局，并成立专案组。7月23日上午，媒体曝出失踪女子尸体在化粪池中被找到，其丈夫存在重大嫌疑已被警方带走，与此同时一份内容相近的“警情通报”在网络上流传，杭州警方回应称未发布相关通报，舆论场疑云密布。7 月 23 日晚间，杭州警方发布通报，明确失踪女子已遇害，其丈夫被采取强制措施。7 月 25 日，杭州警方召开新闻通气会，对案件情况、舆论关切问题作出回应，获得舆论大力认可。发布会结束后，警方接连发布侦办过程画面，“@ 法医秦明”“@ 江宁婆婆”等“大 V”博主针对部分网络质疑进行反驳，多股力量共同引导舆论。

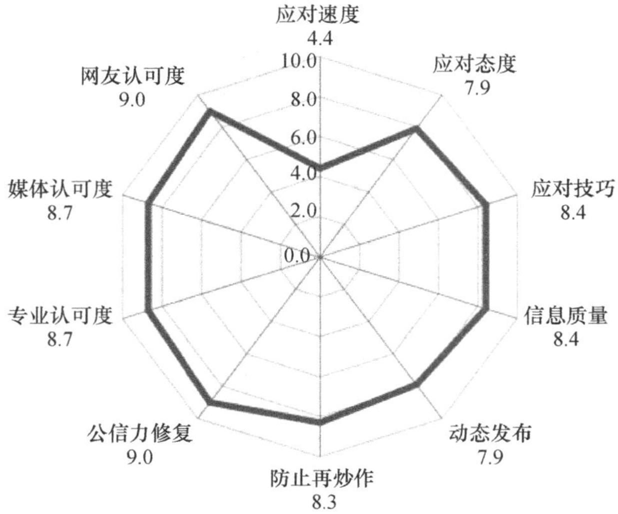


■ 应对评点

舆情前期，杭州警方舆情响应速度略显迟缓，从事件在网络曝光到警方首次披露案件进展用时 3 天，导致官方应对工作面临被动情况。与此同时，一些警方办案的细节从非官方渠道提前披露，尤其是假的“警情通报”流传，最后证实与官方通报内容相符，加之各类网传信息不断刺激舆情深度发酵，为处置工作带来障碍。不过后续，面对舆论关切，杭州警方采用新闻发布会进行通报，公布案件调查结果以回应舆情，果断及时地阻断舆情蔓延。信息质量保持较高水准，不但详尽细致地回应了所有疑问，还对网络不实信息作出澄清。警方在通报后保持动态引导，发布办案视频、组织警务类“大 V”博主辟谣等措施，进一步强化了官方信息的影响力。总体来看，虽然涉事公安机关前期舆情应对工作稍显不足，但后续很快通过高水平的信息公开和有力的舆论引导，迅速扭转了此前舆论的负面认知，舆情引导和应对成效明显。

■ 经验・教训

在热点舆情中，网络"聚光灯"式的集体围观环境之下，政法机关尤其需要注意线下实体处置与线上舆情应对的密切结合，通过线上线下"双线联动"平息舆论场的众声喧哗。一方面政法机关需要稳步快速地推进实体处置，加强部门间协调联动，做好案件调查取证工作，尽快给出翔实的调查结论；另一方面政法机关还需及时回应民意关切，尽量多渠道地调动信息发布平台，搭建立体式的传播结构，形成以官方主导的舆情引导格局。总而言之，政法机关在实体工作中需凸显权威性和主导性，在舆情工作中也需讲究时效和技巧，用权威可信的调查结论驱散舆论猜测，牢牢把控舆论风向。

## TOP.5 云南李心草溺亡案一审宣判

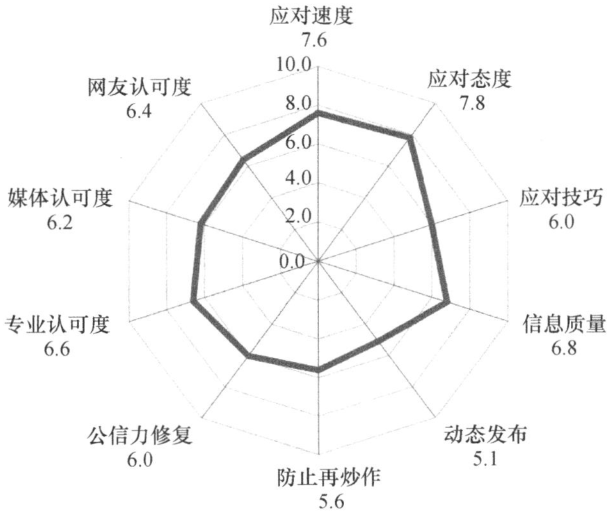

■ 事件概览

2019年10月12日，云南昆明理工大学在读学生李心草溺亡一案引发舆论高度关注，昆明市公安局、昆明市公安局盘龙分局分别对涉案嫌疑人罗秉乾强制猥亵侮辱案、罗秉乾等3人过失致人死亡案进行立案侦查。2020年8月12日，昆明市盘龙区人民检察院依法对罗秉乾涉嫌过失致人死亡案向昆明市盘龙区人民法院提起公诉。然而，检方起诉时为何舍弃强制猥亵侮辱罪、除罗秉乾外其余涉案2人为何未被起诉等细节遭到舆论追问。2020年9月21日，该案一审公开宣判，被告人罗秉乾因过失致人死亡罪获刑1年6个月，赔偿陈美莲（李心草母亲）经济损失63257元。对此结果，陈美莲表示不满并将提起上诉。宣判当天，昆明市警方对前期执法办案工作中存在履职不到位、执法行为不规范的16名民警进行问责。

■ 应对评点

李心草案真相如何、警方是否失职、同行3人有何责任等问题一直是公众关注的焦点。从此次一审宣判后当地政法机关的舆论引导措施来看，可谓准备充足。首先，通过权威媒体释放信息。案件一审宣判后，新华社、央视相继发布独家报道，就“李心草溺亡前发生了什么”“为什么不追究另外2人的刑事责任”“为什么罗秉乾的行为不构成强制猥亵、侮辱罪”等舆论关切的核心问题一一进行回应。其次，全流程剖析案情。央视的报道中，除了对监控视频进行逐秒解析还原事发经过外，还采访公安、检察院、法院三方办案人员，一步步再现每一个办案环节，使得判决依据和问责结果更易被公众理解接受。最后，专家释法无缝衔接。中国政法大学曲新久教授接受《法治日报》采访，就该案的法律适用问题进行解答，引导舆论由质疑转而相信司法机关的调查与判断。

■ 经验・教训

随着审判结果落锤，“女大学生醉酒后跳江，同行者看护不足”的基本事实呈现在大众眼前，使得最初舆论场上被渲染的隐秘色彩逐渐褪去。回顾来看，这起并不复杂的案件却酿成了如此巨大的舆情风波，其中最深刻的教训便是，任何时候人命关天的案件都不容麻痹和懈怠。如果前期处警人员能够在第一时间严肃认真地对待这起溺亡案，或可避免这场不必要的舆情危机。网络时代，通过舆论推动执法司法流程的案例俯拾即是，但这种“全国关注→上级重视→提级调查”的舆情处置模式不应成为常态，基层办案也不能光靠提级调查就能回归法治正途。而后期“变更罪名→释法说理→舆论认可”的经验也表明，不管面对多么复杂的舆情，只有公开的程序、翔实的证据、充分的解释，才能纾解公众质疑。

## TOP.6 内蒙古等地“纸面服刑”案件

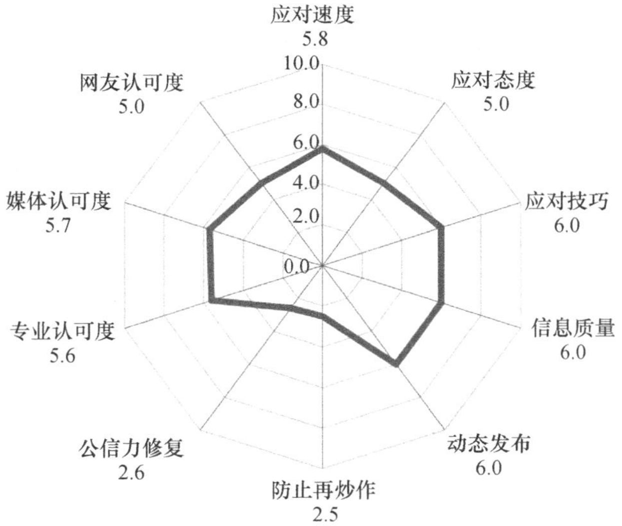


### ■ 事件概览

2020年9月3日，《半月谈》报道称，1992年，内蒙古男子巴图孟和因故意杀人罪获刑15年，但其通过以保外就医形式“纸面服刑”。2007年，“刑满释放”后巴图孟和当上村主任、旗人大代表，直到2017年被重新收监。此事经曝光后，因情节过于离奇而迅速引发舆论关注。9月4日，内蒙古自治区政法委牵头，联合多部门组成工作组开展工作。随后，媒体连续曝出另外 2 起涉内蒙古的“纸面服刑”案件，案件当事人王韵虹、庄永华均因故意杀人被判重刑，但在违规保外就医后长期逍遥法外。目前，两人已被重新收监，多名涉案监狱医生和公职人员被处理。此外，舆情发酵期间，安徽休宁县也曝出类案，一名伤人致死的罪犯获刑 12 年却以保外就医的名义没坐过一天牢，受害人家属反映问题 20 多年。舆情发酵后，黄山市和休宁县两级政法委成立联合调查组，案件仍在调查中。

■ 应对评点

内蒙古、安徽等地连续曝出“纸面服刑”舆情后，“纸面服刑”不但成为保外就医权力腐败的代名词，更是一个新的新闻标签不断刺激舆情上扬。可以说，类案的不断曝光，社会危害性不亚于一次重新犯罪，对司法公信力更是形成了严重的损害，亟须政法机关加以纠偏。从舆情发酵后应对情况来看，王韵虹、庄永华 2 起“纸面服刑”案件在媒体曝光时已经有所处置，相关责任人也受到惩处，舆情走势在经历了初期的高峰后，呈现逐渐下降态势。反观内蒙古巴图孟和案及安徽休宁案，在进入调查阶段后因长时间未发布新进展，造成了舆情的“长尾效应”，给媒体翻炒案件提供了机会。如果后续调查结论迟迟不出或者结论无法服众，舆情可能再次发酵。

■ 经验・教训

“纸面服刑”舆情频出，反映出减刑、假释、暂予监外执行工作中存在一些问题和漏洞，如果不能及时加以解决，对公平正义的法治大环境将会造成致命损害。因此，高层政法机关需多头共抓、齐头并举，填补制度漏洞、扎紧制度樊篱，从源头上杜绝“纸面服刑”事件再现。首先，用制度改革堵住漏洞，目前已有全国人大相关委员会委员和最高人民法院法官建议推动暂停监外执行制度，后续需要政法机关主动作为，通过设立暂停执行制度且规定暂停执行的期间不予折抵刑期，来有效防止“纸面服刑”事件的发生。其次，政法机关需要加强常态化监管，对于已实施的“减假暂”案例进行深入排查，及时发现问题并加以纠正，修复受损的公信力。

最后，面对媒体曝光的“减假暂”舆情，主管部门除了要及时表达不避问题的态度外，还需在认真调查的基础上尽快公布调查结果，避免舆情“烂尾”再次损耗司法公信力。

## TOP.7　张玉环再审改判无罪

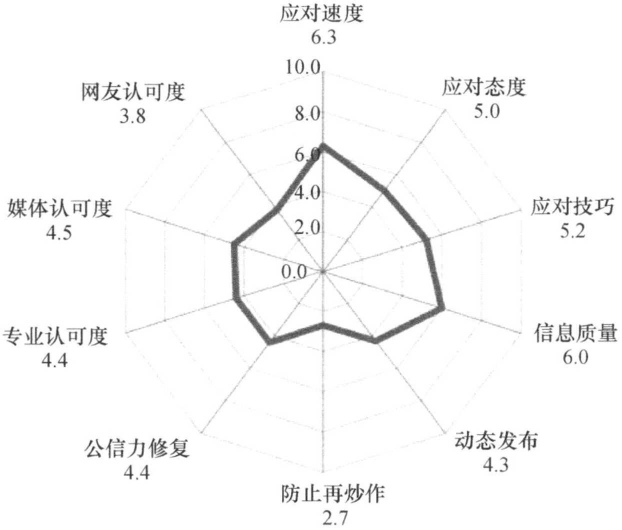


### ■ 事件概览

2020年8月4日，江西省高院再审宣判张玉环故意杀人案，以“原审判决事实不清，证据不足”宣告张玉环无罪，法院有关负责人代表该院向张玉环赔礼道歉，引发舆论广泛关注。宣判后，张玉环亲属密集发声，披露其遭遇刑讯逼供和艰难申诉过程；前妻宋小女回顾张玉环被羁押后的家庭变故、改嫁等遭遇，引发舆论同情。张玉环所涉旧案是否重启调查以及是否对当年办案人员启动追责等问题成为舆论场的焦点话题。对此，进贤县公安局表示，相关事宜由县政法委统一协调部署，政法委却回应称追责不归其管，县检察院工作人员回避媒体采访，舆论对官方“踢皮球”表示不满。9月2日，张玉环申请2234余万元国家赔偿获江西省高院受理。9

月 17 日，张玉环向中央政法委等三部委提交控告材料请求追责 16 名办案人员，涉及江西省高院、南昌市中院、南昌市检察院、进贤县公安局等单位。

■应对评点

媒体报道中，张玉环被贴上“被羁押时间最长的申冤者”的标签，该案平反也被赋予非同一般的意义受到舆论审视。对此，江西省高院准确研判舆论关切，宣判后迅速发布引导文章，对张玉环改判无罪的依据、重要意义以及未启动“排非”程序原因等内容进行详细解释。省高院有关负责人向张玉环赔礼道歉，并告知其有申请国家赔偿的权利，向外界传达出有错必纠的良好态度。然而，在接下来一系列关于追责和追查真凶的热烈讨论中，涉事政法机关却出现“失语”及回应“打架”的情况，给舆论留下敷衍塞责的不良观感，官方的沉默、躲闪也激起舆论场强烈的追责、追凶呼声，使得前期错案纠正的积极意义受到一定冲击。

■经验・教训

冤假疑案的形成有其特殊原因，案件诸多疑点也常因时间久远难以深究细查而留下大量舆情发酵空间，衍生出诸多讨论和猜测，张玉环案便是如此。这就要求政法机关做好引导预案，全面把控舆论主导权。首先，提前研判舆论关切点，通过发布权威声音进行答疑，适时引入专家解读文章，确保司法活动的正面意义获得舆论认可；其次，面对追责、国家赔偿、追查真凶三道绕不开的环节，保持积极应对的态度，充分研判相关风险，制定引导方案和信息公开策略；最后，冤假错案涉及多个部门，各部门间需通力协作，如法院宣判后追责追凶必然会提上舆论议程，需警惕基层部门因缺乏基本舆情素养，采取沉默、躲闪的方式导致次生舆情。此外，张玉环案出现的舆论失焦现象同样值得研究，政法机关需加强与当事人家属的沟通和解释，以防舆情持续发酵侵蚀错案纠正的正面效果。

## TOP.8 湖南高中生踹伤猥亵者被刑拘事件

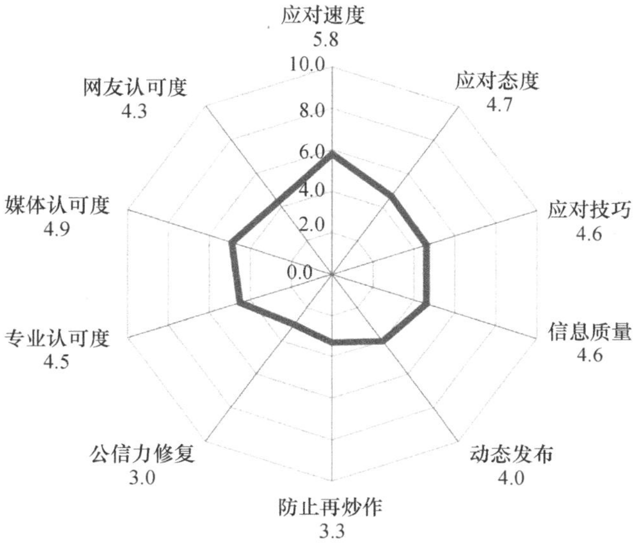


### ■ 事件概览

2020 年 8 月 24 日，据《东方今报》报道，6 月 1 日，湖南永州男子雷某猥亵女生后逃跑，高中生胡某在制止时将其踹伤，事后雷某被行政处罚 300 元。胡某父亲透露，雷某曾要求赔偿 20 万元，该要求遭拒绝后胡某因涉嫌故意伤害罪被警方刑拘。网民普遍认为胡某行为属于见义勇为，呼吁警方解释刑拘依据。8 月 25 日，冷水滩公安分局官方微博发布警情通报，称雷某被踢伤后，手臂和腿粉碎性骨折，构成轻伤一级，警方因此以故意伤害罪刑拘胡某。对此，胡某父亲质疑警方通报未提及雷某猥亵女性和报警后逃跑等情节，主流舆论也认为警方做法不仅违背了公众的一般认知，在法律层面上同样缺乏合理依据。还有部分网民根据事发后雷某能走动等细节，猜测雷某伤情鉴定“有猫腻”。8 月 26 日，据永州新闻网报道，永州市公安局责令冷水滩分局撤销案件，立即解除对胡某的刑事拘留。此案提级由市公安局重新调查，雷某因猥亵他人被行政拘留 15 日。

■ 应对评点

此案最大争议在于，胡某在阻止猥亵者雷某逃跑时将其踹伤的行为如何定性，这一点决定了警方刑拘处置的合法性和必要性。面对舆论追问，冷水滩公安在回应中强调雷某受伤情况，该回应忽略了雷某违法在先的事实，与公众认知和朴素正义观产生冲突而未获认可；对于媒体曝光的雷某伤情方面的种种不合理之处，警方未做进一步解释，导致舆论质疑加深。舆情扩大后，永州市公安局作为上级机关迅速介入处置，责令撤案、提级调查等一系列反应与公众期许相呼应，一定程度上扭转了舆情劣势。然而也需看到，即便上级永州市公安局介入后，有关冷水滩警方刑拘措施必要性和合规性的舆论追问依然不断，舆情风险进入“蛰伏期”。

■ 经验・教训

在涉及正当防卫案件的几种常见类型中，“反杀”案件常常引发激烈的法理争论，而见义勇为类舆情多由小案件、小事件发酵而起，舆情痛点主要集中在基层政法机关的执法理念和执法水平与公众期待存在差距。最高人民法院、最高人民检察院、公安部公布《关于依法适用正当防卫制度的指导意见》，对正当防卫制度作出全面系统的规定，为以后办理涉正当防卫案件提供了明确指引。因此，政法机关在处理涉及正当防卫舆情事件时，需坚持法理情的统一，根据法律和事实作出准确定性和妥当处理，依法保护正当防卫者和见义勇为者合法权益，弘扬社会正气。相关的引导工作应针对案件争议焦点和社会关切主动进行解释，阐明依法处置的依据及理由。而面对因自身工作问题引来的舆论批评，同样能够积极回应，通过有力措施纠正不规范执法现象，修复舆论信任。

## TOP.9　吉林《平安经》事件

■ 事件概览

2020 年 7 月 27 日，微博知名博主曝光一本名为《平安经》的图书，全书复读机般以“× × × 平安”造句，引起网民的围观和嘲讽。随后，该书作者吉林省公安厅党委副书记、常务副厅长贺电以及图书推广中的种种怪象遭到舆论深扒，成为最大疑点。在舆情发酵过程中，当地网警的删帖行为以及吉林公安工作人员“业余时间个人创作”的回应，都进一步激化了舆论不满情绪。7 月 29 日，吉林省委介入，成立高规格调查组进行调查；7 月 30 日，“吉林警事”微信公众号等发文称，吉林省公安厅党委开会表态坚决拥护省委的调查决定，然而内容提及“贺电同志作了深刻检查”被舆论误读为“处理高举轻放”，引发一定质疑。7 月 31 日，吉林省委决定免去贺电职务，多数网民点赞官方处置，追问《平安经》背后一连串的问题是否查清，将如何处置。9 月 10 日晚间，网传贺电遭到“双开”，吉林省委政法委等部门予以辟谣澄清。

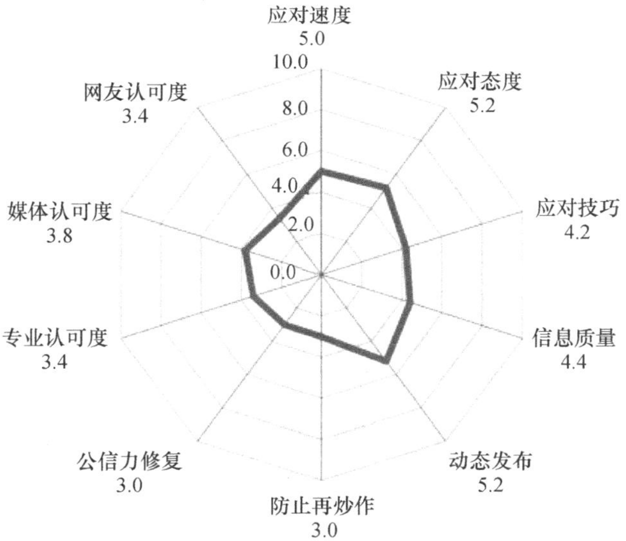


■ 应对评点

面对舆论场中高涨的质疑声浪，吉林省相关部门火速出手，在舆情发酵次日发布通报，成立多部门、高规格联合调查组，一方面表明了当地政府对相关问题以及网络舆情的高度重视态度，另一方面也彰显出相关部门一查到底的决心和力度，这种快速处置方式起到了决定性作用，为舆情向良性转变奠定了良好基调。虽然吉林方面快速应对，但是梳理舆情应对过程依然存在不少不足之处。尤其是事件初始，属地网警不当信息管控措施，激起了强烈的舆论情绪反弹，直接刺激舆情升温。之后，吉林省公安厅发布宣传稿表明高度重视态度，但内容却被媒体将关注重点偏离，令舆论产生误导，产生不利舆论影响，需要吸取教训加以警惕。

■ 经验・教训

涉官员舆情尤其是高级别官员，敏感度较高，容易引发社会广泛关注，一旦处置不当，则会延烧扩大损害政府部门形象，所以应对起来较为棘手。梳理案例提示，相关部门面对此类舆情时，关键在于能否第一时间介入，阻断网络猜测和不实信息加速扩散。一般来说，采取提高回应层级、组织多部门联合调查方式时，调查过程需要速战速决，调查结论也需尽快公布以回应民意，向公众传递出坚决果断的态度。一旦官员构成违法违纪行为，相关部门需果断通过免职、撤职等责任切割的方式，及时为政府形象止损。总之，涉事部门宜采用“马上调查、马上回应”的举措，稳定住摇摆起伏的社会情绪，引导舆论形成对政府部门公信力和自我净化力的“锚定”印象。

## TOP.10　江西乐安曾春亮案

■ 事件概览

2020 年 8 月 8 日，江西抚州市乐安县发生一起恶性刑事案件，致 2 人死亡 1 人重伤，警方悬赏通缉嫌疑人曾春亮。8 月 9 日，受害人家属在微博曝光大量案件细节，直指当地派出所在案发前存明显渎职导致凶案发生，舆情自此发酵。追捕嫌疑人期间，抚州公安官微运营人员“怒怼”网民、嫌疑人逃跑途中再次犯案杀人等突发情况，刺激舆情热度不断走高。8 月 16 日，嫌疑人曾春亮落网，网上传出“警方当街庆功”等衍生话题，舆情热度到达顶峰。8 月 20 日，江西省公安厅提级侦办、省市多部门介入调查民警是否渎职等问题，舆情很快回落。9 月 9 日，江西省公安厅调查组口头回复家属称，乐安县公安局不存在渎职问题，但是工作流程中存在瑕疵及纰漏，该回应并未获得家属认可。10 月 16 日，宜春市检察院以涉嫌故意杀人、抢劫、盗窃对曾春亮提起公诉。

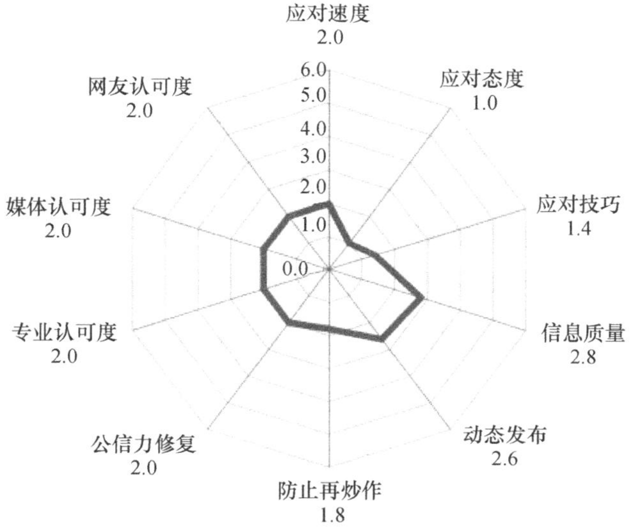


■ 应对评点

此案因警方被指严重渎职而引爆网络舆情，在这种情况下，办案机关应积极践行“三同步”要求，尽快抓捕嫌犯平息舆情，但警方动用大量人力仍未能抓捕嫌疑人，且曾春亮潜逃多日途中再次行凶杀人，致使当地群众和网民不满情绪激增。与此同时，本应起到引导舆论作用的官方回应也出现明显问题。首先，上级抚州公安官微运营人员“怒怼”网民触发次生舆情，在舆情初期给舆论留下较强的负面观感；其次，当地警方在信息发布上缺乏主动性，不但相关案情通报发布“慢半拍”，在舆论质疑冒头的时候也没有及时发声稳定舆情；最后，案件侦破后，当地警方及上级部门始终未就此案进行详细通报，乐安公安是否渎职的回应也仅是口头向受害者家属通报，并未平息家属和公众疑虑，舆情危机尚未解除。

## ■经验·教训

2020年以来，疫情与经济下行影响相互交织，由此诱发的各类社会风险较之以往明显增多。在此背景下，党中央于2020年4月成立平安中国建设协调小组，意在从全局维护社会安全稳定。对于政法机关而言，做好重大恶性刑事案件的处置工作更具现实意义。首先，日常工作中需注意收集各类风险隐患线索，着重从带有苗头性、风险性线索入手，及时化解或处理可能引发恶性案件的矛盾纠纷。其次，在重大恶性刑事案件发生后，实体工作也需迅速跟进，尤其需杜绝犯罪嫌疑人再次犯案的可能性。最后，重视并做好敏感案件的舆论引导工作，如通过主动释放权威信息吸引舆论聚焦官方议题，减少网络碎片化信息对舆论情绪的冲击；对于舆论关切的关键节点加强动态发布，避免舆论倒逼政法机关回应引发更深层次的负面影响。

## TOP.11　谭松韵母亲被撞身亡案

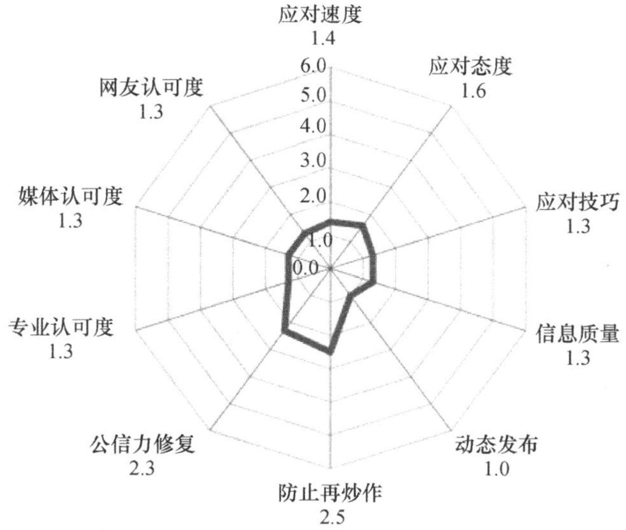

■ 事件概览

2020年8月31日，知名演员谭松韵母亲黄某被撞身亡一案在四川省叙永县法院进行庭审直播，审理历时近10小时，网络直播流量达千万次。当晚，谭松韵粉丝团官微发布微博，从“被告人马某某尿检阳性，毛发、血样阴性但丢失”“审判长和律师多次制止原告方发言”“被告人藐视法庭”三方面在线质疑法院庭审工作。同时，舆论场出现“被告人父亲系当地政府官员，疑似买通办案民警”等传言，持续加重网民的司法不公、以权压法等猜测。9月2日，新浪微博管理员发消息称，因个别账号恶意传播炒作不实信息，已被分别处以禁言3个月和永久禁言，该消息引发网民热议。9月19日，叙永县法院对案件作出一审宣判，被告人马某某犯交通肇事罪被判处有期徒刑6年。

■ 应对评点

本案中，当地法院选择公开庭审直播，表现出了敢于接受舆论监督的勇气和担当，但一方是坐拥2200多万粉丝的流量明星，一方是“权倾县城”的“嚣张官二代”，鲜明的身份标签让这起普通的交通肇事案充满话题性，司法公开的初心也在舆论重重围观下被扭曲。庭审结束后，谭松韵粉丝团发声质问，很快将舆论风向引到司法机关身上。同时，一些微博博主、自媒体开始炒作甚至凭空捏造各种所谓“真相”，煽动舆论场中的官民对立，给法院的司法审判工作施加压力。整个舆情发酵过程中，当地司法机关全程“沉默”，给舆情失序留足空间。所幸，随着舆论场的自净功能启动，更多庭审事实得以呈现，再加上主流媒体的正面引导，舆情发展迅速回归正常轨道。

■ 经验·教训

从2017年的王宝强离婚案，到2018年的陈羽凡吸毒案，再到2020年9月的网民起诉肖战工作室网络侵权案，涉明星人物的案件频频受到舆论聚焦。当明星个人私事成为公共的花边谈资，其身份光环甚至影响舆情走势，舆论的关注度很容易越过案件本身，转而指向对司法判决公正性等话题，造成舆情失焦局面出现。政法机关需精准评估此类案件背后的舆情风险，尤其是在面对公开审理等公众参与度和讨论度高的案件时，务必要提前布防、及时引导，慎防负面声音裹挟网络舆论，冲击执法司法权威。另外，对于舆论场中出现的网络谣言、网络暴力、恶意炒作等违法情形，政法机关也身负处置和引导职责，用公开透明的信息、依法依规的处理结果作出回击，维护网络清朗空间。

## TOP.12 罗冠军梁颖事件

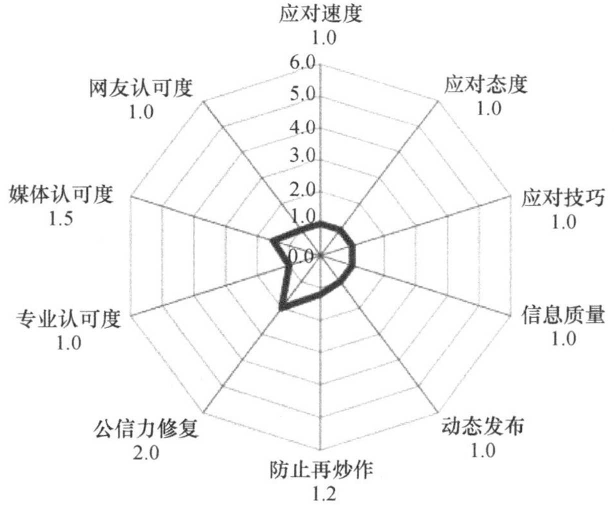


### ■ 事件概览

2020 年 7 月 7 日，微博网民梁颖发文控诉前男友罗冠军强奸，并称罗冠军还向法院提起诉讼，控告其名誉侵权，一时间舆论纷纷谴责罗冠军。8 月 29 日，罗冠军回应称不存在强奸，已将相关起诉材料送至法院近 2 个月。罗冠军及其姐姐发布多条聊天记录截图与录音证据显示，梁颖因索取分手费不成污蔑罗冠军强奸。至此，舆情出现反转，网民指责梁颖无底线炒作。9 月 4 日，罗冠军再度发文称自己已“社会性死亡”，希望公检法加快办案速度，引发一众网民同情。另据封面新闻报道，双方网络侵权责任纠纷案由北京市互联网法院受理。9 月 5 日，梁颖委托代理律师发表声明称，罗冠军未对其实施强奸。当晚，罗冠军表示放弃对梁颖的刑事控告，名誉侵权诉讼正常进行。9 月 18 日，罗冠军公开了重庆市公安局南岸区分局的通知书，据文件显示其没有犯罪事实，警方决定不予立案。

■ 应对评点

该事件从曝光到最后部分实体工作完结，重庆警方和北京法院部门均未正面回应当事人诉求和公众疑惑，如罗冠军“喊话”政法机关加快办案速度、梁颖行为是否涉嫌诽谤或诬告等刑事犯罪、罗冠军放弃刑责控告是否合法、双方的民事诉讼为何被北京互联网法院受理等。这些追问将相关政法机关推入舆论旋涡，也凸显其舆情危机意识和主动性有待提升。此外，重庆警方在此事件中的态度、出具不予立案通知书都是由双方当事人通过微博转述公开，法院受理网络侵权责任纠纷在媒体曝光之后再无下文，导致官方信息在传播过程中存在一定的失真风险，如果公众无法完全相信案件能够得到依法处置，最终被动的仍然是介入处置的责任主体。

■ 经验・教训

罗冠军梁颖事件充分说明政法机关应对舆情需要主动出击，切忌“鸵鸟心态”，更不能“只做不说”，置当事人诉求和舆论质疑于不顾。观察发现，近半年以来，反转舆情接连被曝光，如广州家长编造“教师体罚小学生致吐血”事件、南京“大学生偷外卖被刑拘”事件等，有的在政法机关的处置下得以还原真相，有的则在网络自净的作用下呈现出真实经过。但在舆情发酵过程中，政法机关的执法司法权威不断被挑战，社会形象受到严重威胁。因此，对于此类事件，政法机关需及时表明态度，掌握引导主动权，并在得出调查结论的第一时间还原经过，挤压不实信息的传播空间。同时，对于“狼来了”式的反转舆情要提高认识，提升对恶意撒谎、夸大事实的辨别能力，依法严惩涉事人员，维护守法者的合法权益。

（观察时间截至 2020 年 10 月 15 日）

# 案例分析

F A Z H I G U A N C H A

# 1

# 杭州警方处置失踪女子遇害案

**编者按：** 2020 年 7 月 16 日，一起杭州女子失踪案在网络走热，案件的离奇情节引发广大网民猜测。7 月 23 日上午，有媒体曝出失踪女子尸体在化粪池中被找到，其丈夫存在重大嫌疑已被警方带走。与此同时，一份内容相近的“警方通报”在网络上流传，杭州警方随后回应称未发布相关通报，舆论场疑云密布，亟待官方解释。当日晚间，杭州警方发布通报，明确失踪女子已遇害，其丈夫被采取强制措施。7 月 25 日，警方召开新闻通气会，对案件情况等舆论关切问题作出回应，获得舆论大力认可。本文通过梳理此次舆情事件，总结涉事政法机关舆情处置的经验教训，以供参考。

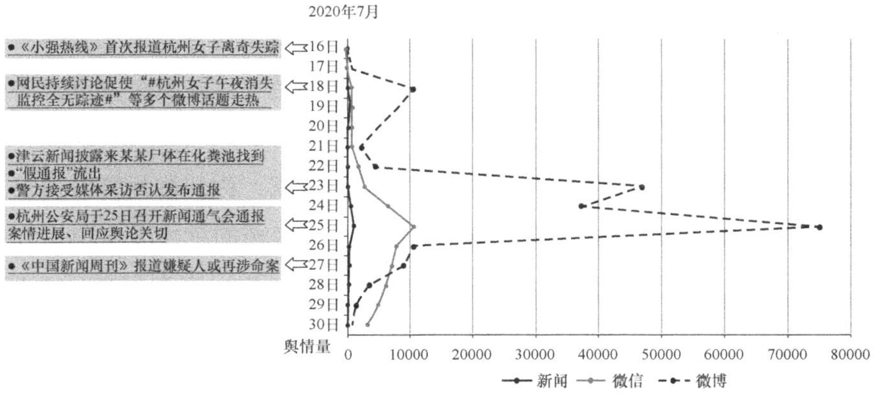


## 【舆情事件】

### 1. 离奇失踪事件曝光引发关注

2020 年 7 月 16 日，据浙江电视台教育科技频道《小强热线》报道，杭州市三堡北苑小区居民许某某于 7 月 15 日联系该台记者寻妻，称其妻来某某于 7 月 5 日失踪，许某某及其家属于 7 月 6 日傍晚至杭州江干区公安分局四季青派出所报案，经过十多天调查，小区内监控未发现踪迹，家属对小区景观河进行抽水调查，亦未发现来某某踪迹。相关情节一经曝光，迅速引发网民热议，新浪微博话题“#杭州女子午夜消失 监控全无踪迹#”阅读量达 1.3 亿。多数网民惊呼案件离奇并关注警方调查进展，有网民猜测许某某嫌疑很大，也有网民建议查找电梯井等地方。7 月 19 日，据《南方都市报》报道，四季青派出所工作人员表示，该案已移交江干区公安分局，并成立专案组。之后不少自媒体、网红博主探访涉案小区，甚至进行直播拍摄，推动此事成为全网热议事件。

2.“假通报”流出扰乱舆论场

2020 年 7 月 23 日 8 时许，津云新闻报道称，其从接近杭州警方人士处获悉，来某某尸体在小区化粪池找到。来某某失踪 18 天后，案件的新进展迅速点燃舆论场，民警聚集化粪池现场调查取证的照片开始在网上传播，网民围绕嫌疑人身份和作案动机展开热议。同日 10 时许，江干区公安分局政治处相关负责人通过澎湃新闻回应称，此消息系谣言，具体案情以通报为准。与此同时，网络上流传出一张落款为“江干区公安分局”的“警方通报”，该图片显示，来某某丈夫有重大作案嫌疑，已被控制。“杭州公安”网易号、“@央视新闻”等纷纷附图转载，称“杭州警方通报女子失踪案取得进展”。当日 10 时 30 分左右，澎湃新闻再次发文称，江干区公安分局工作人员表示警方未发布此通报，对通报内容真假表示“不清楚”。随后，“@央视新闻”等删除“假通报”信息。事件进展不断反转，致使舆论猜疑不断，微博话题“#杭州失踪案后续#”阅读量短短半天内突破 20 亿，网民呼吁官方对“通报”问题进行澄清，尽快公布案件进展。

3. 官方首次通报未能平息猜测

2020 年 7 月 23 日 21 时许，“@杭州公安”微博发布警方通报，明确失踪女子已遇害，其丈夫许某某有重大作案嫌疑，现已被采取刑事强制措施，将于近期召开新闻发布会。微博话题“#杭州警方通报女子失踪案#”阅读量当天达到11.5亿。“丈夫有重大作案嫌疑”这一说法与此前网民猜测一致，微博、微信等社交媒体平台以及知乎、豆瓣等讨论小组迅速掀起“全民云破案”的狂潮，网民开始推理作案过程，猜测其作案动机，并深挖其丈夫身份，“许某某为侦察兵退役”“许某某在小区物业工作”等说法被热传，微博形成热搜话题“#起底杭州失联女子丈夫#”，阅读量达2.8亿。

4. 新闻通气会召开扭转舆论

2020年7月25日10时，杭州市公安局召开新闻通气会，开场点明此案系一起有预谋的故意杀人案件，警方已第一时间对小区电梯井、窨井、蓄水箱等可疑地方进行搜查，通过对全小区监控闭环分析，最终将调查重点锁定在小区化粪池内，警方对38车抽取物冲洗取证发现了人体组织，经过DNA比对发现该组织与来某某相符合。7月23日1时，专案组以涉嫌故意杀人罪对许某某刑事传唤。当日10时许，许某某初步交代因家庭矛盾对来某某不满，趁其熟睡时将其杀害，分尸后分散抛弃。目前，许某某已被依法刑事拘留，案件正在进一步侦办中。同时，通气会也对网络热议内容进行回应，如网传“许某某为侦察兵退役”“许某某在小区物业工作”“利用隔壁空置房分尸”等信息均与事实不符。通气会结束后，杭州警方接连发布侦办过程画面，包括视频分析工作、许某某被逮捕画面等内容，引起网络围观。微博话题“#杭州女子失踪案是有预谋的故意杀人案#”“#杭州失踪女子丈夫交代杀人分尸事实#”“#杭州警方侦办过程画面曝光#”等阅读量累计超35亿。

5. 嫌疑人被曝或再涉命案再引热议

2020年7月27日，《中国新闻周刊》报道称，许某某前妻闺蜜刘某某的女儿楼某洁于2002年在浙江诸暨家中被杀后未找到凶手，来某某案侦破后，刘某某怀疑女儿的死亡与许某某有关，目前警方表示将重新调查此案。多数网民猜测许某某可能牵涉此案，有网民追问为何过去18年仍无法破案，质疑诸暨警方办案能力。当日，诸暨市公安局相关负责人作出回应，称警方对所有命案积案始终未放弃过侦查，不存在重新调查的说法。

此外，舆论场中有少数网民持续追问许某某的作案动机、作案手段，《华商报》梳理了其中讨论较高的疑点，“如何在家分尸又不被邻居察觉”“转运尸体、清理现场仅一人所为”“如何避开密集监控”等。另有不理性的网民质疑警方凌晨审讯是“刑讯逼供”，“@法医秦明”“@江宁婆婆”等“大V”博主针对此类声音进行驳斥，强调警方侦破手段、凶手作案手法等内容不宜见诸报端，且容易引发教唆作案、伤害死者家属等诸多不良社会影响。

2020年7月30日，杭州市公安局以涉嫌故意杀人罪提请批准逮捕犯罪嫌疑人许某某。截至当日，相关新闻报道近4000篇，相关微博超150万条，微信文章3万余篇，多个高热微博话题累计阅读量超过50亿。8月6日，杭州市人民检察院以涉嫌故意杀人罪，依法对犯罪嫌疑人许某某批准逮捕。

## 【舆论观察】

该事件曝光初期，舆论讨论较为单一，多围绕案情展开。随着媒体挖掘真相，大量信息曝光使得舆论场疑云丛生，公众开始质疑媒体报道的真实性和专业性。警方发布官方通报、召开新闻通气会后，舆论讨论逐渐多元化，其中肯定警方工作占据主流。此外，有关女性、婚姻等话题出现在舆论场，一些恶意“玩梗”现象也引发舆论谴责。

### 1. 肯定警方侦办工作

杭州警方召开新闻通气会后，舆论普遍为警方工作点赞。微信公众号“新京报”称赞道，“杭州警方为破案付出了大量心血与精力，智慧警务系统为案件侦破起了关键作用，这种高度负责的侦破精神，加上高科技的辅助，犯罪嫌疑人插翅难飞。警方澄清谣言，既回应了舆论关切，也是对公共舆论场注意力的一种校准”。微信公众号“红星新闻”表示，杭州警方告破女子来某某失踪案，是一次“教科书版”的现代刑侦手段大集合。

2. 谴责娱乐化现象

针对各路网红为了“蹭热度”蜂拥而至案发小区进行直播的行为，部分媒体作出点评，如《新京报》发文称，“真正的‘红’，靠的是生产优质内容的专业能力，而不是哪里有热度，就像苍蝇一样蜂拥而至，争相‘逐食’”。警方披露案件相关细节后，抖音、快手等短视频平台很快出现了低俗、恶意、无底线的“玩梗”现象，部分网民留言戏谑“两吨水警告”“绞肉机威胁”以及“感谢老公不杀之恩”等。法制网、《北京晚报》等媒体发文批评称，以段子来调侃悲剧罔顾道德底线；微信公众号“北京政法”认为，把令人发指的作案手段，变成朋友圈里用于交流的词汇表情，既是对公序良俗的挑衅，也是对法律规则的漠视。

3. 质疑媒体专业性

警方通报前，各大媒体争相挖掘报道事件内情，抢发新闻引起舆论混乱，导致媒体的专业性受到一定质疑。例如，《中国青年报》评论称：“媒体从业者还需反求诸已，努力让有根据的事实成为新闻的绝对主角。”微信公众号“考新闻”指出，“新闻媒体一味拼速度、抢热点，反转的不会仅仅是舆论，更是自己作为新闻媒体的专业精神与公信力”。此外，澎湃新闻首席评论员沈彬认为，针对此类案件的报道，主流媒体需要拿出更大的定力，守住真实性、合法性以及社会公益性的底线，既要及时满足公众的合理知情权，也要严格满足司法程序正义、遵守新闻伦理。刑侦专家甚至告诫，由于这起案件过于惊悚，犯罪细节都不宜公开。

4. 出现性别、婚姻等延伸话题

此次杀妻案曝光，引发舆论对婚姻问题的探讨，其中“It’s always the husband（妻子失踪案的凶手总是丈夫）”“全球6成女性死于家人或伴侣之手”“女性处于性别弱势”等声音在舆论场传播，不少女性网民跟帖称“日常恐婚恐育”“不婚不育保平安”。对此，《新周刊》发文呼吁“勿拿杀妻案恐吓女性”，认为案件的发生无疑让本就对女性不友好的婚恋环境雪上加霜；“大 V”博主“@ 孟婆在修行”则表示杀妻案被推波助澜，恶劣影响持续放大，呼吁女性同胞要理性看待此类案件。

【舆情解析】

该起舆情事件作为一起失踪案进入公众视野，最终演变成数十亿阅读量的社会热点事件，与本身话题性、传播途径等多重因素相关。

1. 案件“离奇”情节极具话题性

此事曝光之初，媒体报道角度多从寻人视角介入，自然引发舆论对失踪女子下落的各种猜测、讨论，而报道内容从毫无线索到稍有线索显现，过程中的各种“突破口”为案件增加了许多话题。从媒体报道标题来看，“午夜消失”“监控全无踪迹”“睡觉时离奇失踪”“人间蒸发”等细节，无一不在渲染悬疑色彩，一个人如何“毫无预兆”地消失令人遐想不断，更加刺激了网民的好奇心，这些曲折、离奇的情节吸引更多网民参与讨论。

2. 传播途径多元、主体丰富促使舆情深度发酵

纵观此次事件，不论传播途径还是传播主体都异常丰富多元，进而不断刺激舆情走热，最终演变成“全民云破案”现象。在舆情发酵过程中，各方媒体实地探访涉案小区，走访失踪女子家里、地下车库、天台以及网民猜测怀疑的窨井、电梯井等地方，深入挖掘事件细节，试图拼凑出事件轮廓，同时涉案小区的保安、失踪女子的邻居都成为采访对象，源源不断地给网民讨论增加“素材”，在社交媒体平台上形成明显的传播共振效果。据不完全统计，阅读量超过亿级的微博话题超过 10 个，总阅读量超过 50 亿人次。其中，不少话题数次登上微博热搜榜。此外，自媒体也积极加入，一些网络红人利用抖音、快手到案发小区开启直播，还有主播将直播内容剪成短视频上传，播放量短时间内破千万。

3. 谣言和不实信息令舆情反转不断

在警方正式通报之前，由于涉案小区有多辆化粪车进出，一些现场图片、视频很快流入网络，这些内容被打上“警方调查取得重大进展”的标

签，有网民对此进行大胆猜测。加之媒体不断从“相关人士”“接近警方人士”获得消息，这些信息均指向失踪女子遇害的可能。随后警方“假通报”图片流出，经过“@央视新闻”等多家媒体转发，多数网民信以为真；而媒体采访警方又进行辟谣，但警方发布的首次通报内容和“假通报”口径相似，前后一波三折令舆论场疑云密布，为舆论留足了讨论空间，推动舆情快速升温。

4. 另案、类案产生“搭车效应”

警方新闻通气会过后，舆论并未就此停止讨论，媒体仍在进一步深挖嫌疑人信息，推测作案细节，如其曾到便利店买创可贴、洗涤精；曾对前妻家暴，甚至可能牵扯到18年前的一起命案。此外，短期内类似案件被曝光，如四川安岳一男子趁妻子熟睡将其杀害、南宁一女子与男友同居后失踪7年，媒体均在标题中突出“熟睡中杀害”“离奇失踪”等相似情节，舆论多进行关联讨论，引发较为明显的舆情“搭车效应”。

## 【舆情点评】

总体来看，涉事公安机关前期舆情应对工作稍显不足，但后续很快通过有效的舆论引导，迅速扭转舆论的负面认知，舆情引导和应对成效明显。法制网舆情监测中心总结了此次舆情工作的三点经验和两点教训，以供参考。

■ 三点经验

1. 调动多种传播渠道　有效传递官方声音

在重大舆情中，官方需尽可能地调动起多种信息发布渠道，构建立体式传播结构，形成以官方主导的舆情引导格局。警方首次通报之后，舆论仍有很多疑问等待解答，杭州警方选择新闻通气会进行通报，公布案件调查结果和回应舆论关切。一方面可以集中有效地将官方声音传达到舆论场，避免个别媒体歪曲解读和“标题党”误导；另一方面，新闻发布会作为极为正式、重要的公开形式，展现了杭州警方对案件的重视程度。同时，相关内容通过多方媒体广泛报道，辅以电视频道、网络平台转播，“@杭州公安”微博还开启直播通道，多种传播渠道多管齐下，切实发挥出舆论引导实效。

2. 信息发布有的放矢　切中舆论关切

从舆情应对角度来看，杭州警方的信息发布讲究技巧，不仅事无巨细地回应了所有疑问，还对网络不实信息进行了详尽的澄清说明，用权威可信的调查结论驱散舆论猜测，迅速扭转舆论风向。通报细致描述了警方调查取证工作，如“6000 小时视频监控闭环处理”“冲洗 38 车抽取物”“DNA 比对”“智慧警务系统”等内容，突出警方办案讲究证据、严谨细致的工作态度；同时，警方妥善处理敏感内容、适度通报，将“尸体处理”等具有负面影响、伤害死者家属的内容做弱化处理。公安机关还针对网传信息进行回应，有效掐断谣言传播势头，真正做到有的放矢，切中舆论关切，尊重和满足了公众的知情权。

3. 公布警方办案视频　后续跟进引导

在发布会结束后，杭州公安机关通过微博、客户端等平台账号，发布办案视频，持续跟进引导。办案视频重现警方侦办过程，凸显警方工作能力，结合短视频在社交媒体平台可以迅速传播的优势，有力释放正面信息，得到舆论充分认可。同时“@ 央视新闻”“@ 人民日报”等主流媒体官微纷纷利用警方公布的资料制作“杭州警方搜证侦破经过”视频和长图，解读公安机关积极作为，抚平公众疑虑。此外，针对舆论场少数不理智的声音，部分警务类“大 V”博主“@ 法医秦明”“@ 江宁婆婆”进行驳斥，以其专业、理性的视角传递法治态度，防止舆论被不良观点带偏，进一步强化了主流信息的效力。

■ 两点不足

1. 响应相对迟缓　未及时阻断不实信息

舆情前期，公安机关舆情应对工作存在迟缓、被动的情况。从事件曝光到警方第一次接受媒体采访用时 3 天，其间相关话题多次出现在热搜榜中，舆论场疑云密布，该事件迅速发酵成为全网高度关注的社会热点事件。而在媒体与“假通报”反复拉锯时，官方没有及时发布辟谣信息，仅在媒体追问时被动接受采访回应。可以看到，前期官方声音落后于网络信息，给舆论留下了被动应付的不良观感。而不实信息引发网民大肆猜测，也为警方侦破案件带来较多舆情压力。这提示在舆情处置过程中，政法机关需密切关注事件动态，积极发声回应，主动澄清谣言和不实信息。

2. 办案进展及细节被泄露　内部保密遭疑

此次事件中，一些警方办案的细节从非官方渠道提前披露，不少媒体均在来源中强调所谓“接近警方人士”“知情人士”，甚至有人在知乎讨论中晒出微信群内聊天截图。尤其是网传“假通报”内容与后续警方通报具有较大相似性，导致部分舆论质疑警方内部信息被泄露。由此可见，在重大案件侦办过程中，由于参与调查人员较多，媒体和舆论高度关注之下，尤其需要注意信息的管理，对内要加强信息保密，避免信息泄露刺激舆情反复，倒逼处置部门发声；对外需统一应对口径，涉事机关要尽快达成共识，明确对外发声的渠道，切忌由办案人员随意接受媒体采访，以免发声不当或引起过度解读，给后续舆论引导产生反作用。

（观察时间 2020 年 7 月 16 日至 2020 年 8 月 6 日）

2

# 张玉环再审改判无罪案

**编者按：**2020 年 8 月 4 日，备受关注的江西张玉环故意杀人案再审改判无罪，引发舆论高度关注。张玉环申冤经过、曾遭刑讯逼供、要求追责等内容先后被曝光，前妻宋小女助张玉环申冤的种种遭遇和经历也被媒体热炒，引起争议不断。舆论在充分肯定再审判决结果之余，也密切关注张玉环国家赔偿申请进展，并呼吁追责、追查真凶。此外，围绕张玉环一案发生多起衍生舆情，致舆情长时间无法闭环。本文梳理舆情发展经过，分析舆情特征，并提出相关舆情风险和应对建议，以供参考。

## 【舆情概述】

### 1. 无罪宣判公布引发广泛关注和热议

2020 年 8 月 4 日 16 时许，江西省高院再审宣判张玉环故意杀人案，以"原审判决事实不清，证据不足"等为由宣告张玉环无罪。澎湃新闻称，自 1993 年 10 月 27 日失去自由起，张玉环已被羁押了 9778 天，是截至目前公开报道中被羁押时间最长的申冤者。当日 17 时许，江西省高院官方微博和微信公众号发布两篇情况通报，阐述张玉环申诉时间线、作出无罪判决的理由和意义、将如何处理国家赔偿等问题以及未启动"排非"程序的原因，同时江西省高院有关负责人代表该院向张玉环赔礼道歉，并告知其有申请国家赔偿的权利。相关信息公布后，多家媒体以"张玉环无罪"为题转发，微博话题"# 张玉环杀人案 26 年后再审改判无罪 #"3 小时内阅读量破 2 亿，进入热搜榜前十。舆论对改判结果表示认可，如《南方日报》评论认为，再审依法改判彰显着刑事司法的进步；但也有少数媒体认为"正义迟到即缺席"。

2. 张玉环方密集发声推动舆情持续发酵

8月4日起，张玉环及其近亲属、代理律师等人密集接受媒体采访，推动舆情持续发酵。张玉环表示“接受江西高院道歉”，称“曾遭6天6夜刑讯逼供，（公安机关）放狼狗咬我”，要求追究当年“刑讯逼供”人员责任，并报出付某文等8人姓名。张玉环哥哥披露艰辛的申诉过程，代理律师尚满庆表示将帮助张玉环申请约700万元国家赔偿并追责到底。相关报道使得舆论场中呼吁追责的声量明显升高，网民纷纷表态支持张玉环追责和申请国家赔偿。与此同时，张玉环前妻宋小女先后通过媒体采访和自媒体账号发文，回顾张玉环被羁押后的家庭变故、申诉过程、改嫁遭遇等，“张玉环欠我一个拥抱”“追责可以吗过分吗”等感性言论引发舆论共情，其被称为“傲骨前妻”“侠女”“眼睛里的光”惹哭全网。但是随着更多细节曝光，网民对宋小女的质疑、指责、恶意揣测不断增多，如宋小女动机不纯、迎合媒体“表演”等。此外，拥有超百万粉丝的微博“大V”“@陈剑导演”针对张玉环一案评论称“不要再哭诉了，国家赔你几百万也够了”，出格言论引发众怒和媒体声讨。目前，该微博账号已被永久禁言。

3. 受害者父母发声　当地部门回应惹质疑

8月6日、7日，界面新闻、上游新闻先后追踪报道被害2名男孩的父母，对方均表示“想要破案”。8月10日，澎湃新闻报道称，针对2名男孩死亡案是否重启调查及是否对当年办案人员启动追责等问题，进贤县公安局政治处工作人员表示，相关事宜由进贤县委政法委统一协调部署。但进贤县委政法委一名副书记表示，“这个（追责）不是我管的范畴”“是公安部门的事”。进贤县检察院办公室工作人员则称“暂不方便接受采访”。相关说法被网民解读为“官官相护”“追责无望”，引起较多不满情绪。

4. 舆论聚焦追责、赔偿、追查真凶三大问题

在事件不断发酵过程中，针对追责、国家赔偿、追查真凶的讨论逐渐升温。追责方面，《中国青年报》等媒体认为，应彻查当年办案流程，对

可能存在的刑讯逼供、失职渎职现象展开追责。对于国家赔偿，舆论普遍表示支持，并讨论具体金额。中国法学会财税法学研究会常务副秘书长翟继光推测张玉环可获得 339 万余元侵犯公民人身自由权的赔偿金。追查真凶也为舆论所期待，如央视《新闻联播》主持人刚强评论称，“既然张玉环不是凶手，还是要尽力找到真凶，这个案子也需要正义来结案”。

张玉环案能否追责引发较多法律专业人士的关注，如中国政法大学教授罗翔指出，在一些类似案件中，即便认定刑讯逼供的存在，司法机关都会因为刑讯逼供已过追诉时效而不再追诉；律师丁金坤认为，从刑法从旧兼从宽的规定来理解，不被追诉的可能性大。还有部分舆论反思如何堵住冤假错案漏洞。华东政法大学刑法学教授王恩海撰文指出，中国已形成较完善的防止刑讯逼供机制，不过单纯依靠立法难以实现良法善治目标。

截至 8 月 13 日 12 时，对于是否启动对张玉环案的追责，官方尚未有明确回应；张玉环及其家属仍然备受媒体关注，不断有新的采访文章发出。与该事件相关信息累计超 110 万条，其中新闻报道 1.2 万余篇，微博超百万条，微信文章 1.8 万余条。

## 【舆情解析】

### 1. 视频报道强化公众代入感和同理心

张玉环被改判无罪后，各路媒体在短时间内刊发多篇新闻报道，其中视频报道不仅数量多，而且更具冲击力。比如，澎湃新闻一则针对宋小女的视频专访长达 40 多分钟;《新京报》旗下“我们视频”“紧急呼叫”栏目发布视频报道超 20 条；央视新闻、红星新闻、荔枝新闻等媒体的视频报道也在全网范围内引发关注。相关视频报道覆盖了张玉环释放后的全过程，呈现张玉环及其前妻宋小女、2 名儿子、大哥、母亲、代理律师、邻居等各方相关人士的言论和态度，以及团圆、哭诉等场面。这些具有冲击力和张力的视频画面，触发了公众的情感共鸣，强烈的代入感和同理心促使公众对冤假错案的认识更深刻，舆论热度随之不断攀升。

2. 舆论为宋小女立“人设”致舆情失序

与其他冤错案件平反后的舆情不同的是，宋小女的舆论热度一度超过张玉环，引发的网络争议导致舆论关注焦点偏离案件本身。在宋小女因患癌症被迫改嫁、抚养幼子照顾老人以及针对两任丈夫的自白在网络上流传开之后，“感动”“泪目”刷屏。相关“人设”和“标签”既是对其的褒奖，也反衬出张玉环一家申冤之难以及错案带来的创伤之巨。网民要求追责的强烈呼声并未得到回应，不但加深了舆论对政法机关的不满，也使得错案纠正的积极意义被部分抵消。在讨论不断深入和细节持续曝光之后，部分网民严苛地审视宋小女的言行，质疑其动机，并逐渐升级为对其个人的网络暴力。尽管主流媒体、宋小女的家属都予以驳斥，但恶意揣测、谩骂攻击仍然不断出现。对于一起平反的错案而言，舆情发展已然失序。

3. 多起衍生事件触发舆情“长尾效应”

在舆论反思和讨论张玉环案外，多起衍生事件使得舆情“长尾效应”显现。首先，宋小女的舆情热度不减，甚至有媒体挖掘到宋小女现任丈夫这一支线，新信息涌现使得网络争议持续发酵；其次，网络“大V”“@陈剑导演”恶意消费张玉环，其本人遭到起底，在名人效应带动下引发“吃瓜”网民围观，同时舆论呼吁治理恶意网络营销的声音高涨。多起衍生舆情不仅暴露了当前我国网络治理方面的问题，也间接带动张玉环一案舆情延续。

## 【舆情点评】

1. 舆情回应暴露口径不统一等问题

江西省高院在宣判张玉环无罪后1小时内发布了详细情况通报，就舆论关注的改判依据等问题予以解答，对公众正确认识案件的积极意义有一定作用，向张玉环致歉也向外界传达了有错必纠的良好态度。相较而言，进贤县委政法委和公安部门的回应激起较多不满情绪。首先，就是否重启2名男童死亡案调查时，2部门回应“打架”；其次，对于是否启动对张玉环案追责程序，2 部门也没有作出明确的回应和表态，给舆论留下敷衍塞责的不良观感。由于追责和案件调查程序的启动需要更高层级的政法机关予以明确，建议上级或省一级政法部门在作出决策后统一口径，回应舆论关切，避免基层部门因回应不当再次陷入舆论旋涡。

2. 缺乏有序引导策略致舆情无序发展

从 8 月 4 日江西省高院发布情况通报，到 8 月 10 日进贤县多部门回应，其间近一周时间舆论持续发酵并逐渐失焦，“放狼狗咬”的刑讯逼供细节令公安部门备受诟病，央视新闻等主流媒体均聚焦当事人要求追责等请求，但当地官方权威声音、舆论引导文章基本没有出现，这暴露了当地政法机关缺乏舆情引导的部署和策略。面对一起早已引发广泛关注的重大敏感案件，相关部门在宣判前就需做好全盘舆论引导方案，包括前期舆论焦点的研判和预警，召开媒体协调会进行答疑和解释工作，舆情发酵过程中引入专家解读文章等。只有全面做好舆情引导和处置工作，才能使权威的、正面的声音盖过质疑声，确保司法活动的正面意义获得广大公众的认可。

3. 追责、国家赔偿、追查真凶是舆情保持“长尾”的三大风险

一直以来，冤假错案有三道绕不开的舆情风险，即追责、国家赔偿和追查真凶。早在 2013 年，中央政法委就出台关于切实防止冤假错案的指导意见，就法官、检察官、人民警察对办案质量终身负责提出明确要求，但梳理近年来被平反的冤案来看，只有河北廖海军案启动了刑事追责。目前专业舆论对张玉环案追责前景并不看好，部分法律人士更是呼吁对于违法人员的追诉不应受时效限制，可以预见针对追责的讨论仍会持续。国家赔偿方面，当事人申请金额通常巨大，其中最具争议的就是精神损害抚慰金。目前张玉环代理律师表示将提出 700 万元国家赔偿，最终的赔偿金额如何、张玉环能否接受，将引发舆论关注。在追查真凶方面，2 名被害男童父母均要求调查真凶，但除河北聂树斌案王金书自称为“真凶”之外，多数疑罪存无的冤错案件尚未发现真凶。这类积案事发久远，关键证据多

已灭失，公安机关在实体处置上面临着严峻挑战，相关舆情也有继续发酵空间。建议相关政法机关充分研判上述三大舆情风险，并做好应对引导预案和信息公开，适时表明态度，避免被舆论持续追打。此外，张玉环曝光的多名“刑讯逼供者”已经引起媒体关注，政法机关需对可能出现的网络“起底”行为保持警惕，进一步加大网络巡查力度，及时遏制住不良舆论的发酵势头。

4. 对近亲属言论诱发的舆情风险提高认识

目前来看，张玉环一案已远超错案纠正应有的舆论讨论范畴，仅针对宋小女个人的争议就已经延伸到道德、伦理、家庭等诸多领域。在任何一起冤假错案中，近亲属常年奔波维权、申诉是案件能够得到纠正的重要原因之一，因而在平反过程中和平反后更容易受到媒体的“重点照顾”，以此来凸显当前冤假错案纠正之难。对此，政法机关需要提高认识，对因冤假错案当事人近亲属言行所诱发的舆情，同样需要加强沟通和解释，尽快降温舆情，以防舆情持续发酵侵蚀错案纠正的正面意义。

（观察时间 2020 年 8 月 4 日至 2020 年 8 月 13 日）

3

# 全民围观下的庭审公开风险
# ——谭松韵母亲被撞身亡案研究

**编者按：**2020 年 8 月 31 日，曾经备受关注的谭松韵母亲被撞身亡案在四川省叙永县法院进行公开庭审直播。当日庭审历时近 10 小时，网络直播达到了千万级流量，成为难得一见的网络景观。但在庭审结束数小时后，社交媒体中出现了大量质疑法庭审理公正性、猜测警方办案受到“权力干预”等杂音，令当地政法机关陷入负面舆情。此后随着事态逐渐明朗，自媒体恶意带节奏的做法被拆穿，舆情发展渐回正轨。这场因为庭审公开而引发的舆情风波带给政法机关诸多启示，值得引起重视。法制网舆情监测中心梳理舆情发展脉络，解析舆情成因，并据此提出舆情应对建议，供政法机关参考。

## 【舆情事件】

### 1. 案件庭审直播拉开舆情序幕

2020 年 8 月底，中国庭审公开网发布直播预告称，被告人马某交通肇事一案将于 8 月 31 日上午在四川省叙永县法院公开开庭审理。随后有媒体指出，该案即知名女演员谭松韵母亲被撞身亡一案。据此前报道，2018 年 12 月 31 日晚，马某酒驾后将谭松韵的母亲黄某等三人撞伤后逃逸，其中黄某经多日抢救无效后死亡，另两人受伤。2019 年 1 月 2 日，马某向叙永县警方自首。时隔 1 年 8 个月，这起曾经备受关注的交通肇事逃逸案终于迎来实质性进展，不少网民翘首以盼，猜测犯罪嫌疑人将会受到何种惩罚。

2020 年 8 月 31 日，案件如期开庭。据直播内容显示，公诉人以交通肇事罪进行起诉，并与辩方就马某肇事时是否涉嫌毒驾、涉案证据有效性等关键问题进行激辩。刑事附带民事诉讼部分，谭松韵及其家属向被告人索赔包括丧葬费、死亡赔偿金、误工费等在内费用共计 501 万余元。这场庭审直播从早到晚历时近 10 小时，播放量超千万，法院未当庭宣判。

2. 粉丝团微博质疑庭审公正性带动舆情转向

8 月 31 日 20 时 50 分，“@ 谭松韵后援团”发布一则声明，就庭审过程中的“被告人尿检阳性，血样及毛发检测却呈阴性”“审判长、被告律师多次打断原告律师发言”“被告人供述前后矛盾，隐瞒事实”等多个疑点进行质问，引发大量网民围观。随后，更多信息被释放出来。其中，谭松韵离开法庭时的一段发言视频称“肇事者始终未表示过歉意，希望法庭秉公判决”，激起网民一片同情。另有多个自媒体发文称庭审中充满大量“吊诡”情节，如“法官讽刺谭松韵称‘你反正除了长得好看也没什么用，出去吧’”“被告人的监控及行车记录等全部没了，毛发等证据链销毁”“民警作证时集体‘失忆’”等；被告人马某疑似“官二代”，在法庭上态度嚣张，中间几次要求上厕所，不然“就尿在法庭上”。层层爆料引发网民对司法公正、权力干预司法等话题的讨论，“明星维权尚且如此艰难，更何况普通人”“法律如不能制裁恶，就是在制裁善”等论调流传较广。当晚，“# 谭松韵庭审现场哽咽发言 #”“# 谭松韵妈妈被撞案肇事者否认吸毒 #”“# 谭松韵妈妈被撞案肇事司机负全责 #”等多个话题冲上微博热搜榜，累计阅读量超 35 亿次。

3. 涉案各方回应表态推动舆情热度升级

9 月 1 日，《北京青年报》、荔枝新闻等媒体起底被告人家庭背景称，马某曾经因聚众斗殴罪被判处有期徒刑 2 年，缓刑 4 年，其父马某某系叙永县文联原副主席，虽退居二线但还在上班。对于“利用职权干涉司法”等质疑，其父亲对媒体称“我在庭审中没有说过一句话，一切依照法律程序来”。谭松韵方的代理律师张起淮则表示，本案还有“是不是投案自首就构成自首”“案件审理程序上有多个瑕疵”“撞人时车速多少”等多个问题需要厘清。

同时，舆情在微博、微信等社交媒体中继续发酵。有网民整理出该案另一受害人陈某家属的庭审发言文字版，称陈某“车祸后残疾数次想自杀”“案发后从未收到马家人致歉”等，该信息被广泛转发后，激发更多网民对受害人的同情以及对肇事方的抨击。部分网民还针对律师张起淮发起“人身攻击”，讽刺其是“坑委托人专业户”，呼吁“换个律师”，大量情绪性、非理性的声音在舆论场蔓延。

4. 理性声音增多舆情态势转好

9 月 1 日晚，在猜测、质疑等言论“飞了一天”之后，舆论态势出现转变。有网民放出完整版庭审视频，使得多数人能够看清案件全貌。“@ 冬亚”“@ 圈圈的娱乐”等微博“大 V”称，“看完了十小时的庭审记录，我没发现里面有任何关于证据丢失、行车记录仪丢失、监控丢失、法官赶律师，骂律师不让律师出示证据、法官讽刺谭松韵、被告不认肇事逃逸酒驾这三个罪名这些的内容”，直指此前大量网传信息是“断章取义”，相关微博获“@ 咸阳检察”等政法官微积极转发。同时，“@ 法山叔”等律师和知名法律博主以视频、文字等方式解读此案，称“公开庭审直播的案子，没有谁会蠢到公然歪曲事实”，呼吁公众“要相信公检法”。随着理性声音增多，舆论场中部分偏激、否定、质疑之声得以消退，整体舆论态势开始向好发展。

5. 新浪微博处理造谣账号引哗然

9 月 2 日 11 时许，“@ 谭松韵后援团”发文致歉表示，“由于粉丝大多非法律专业且对相关流程不熟悉，在第一时间难免会产生不成熟的提问”，呼吁大家保持理智，不要无端攻击他人、肆意争吵、夸大谣传。当日 13 时许，新浪“@ 微博管理员”发消息称，在谭松韵母亲被撞案中，个别账号恶意搬运其他平台有悖于基本事实的内容，对相关账号禁言 3 个月和永久禁言；有 4 个账号发布的内容均与事实不符且性质恶劣被永久禁言，其中包括粉丝数高达 1017 万的账号“@ 圈内扒爷”。该消息令舆论哗然，不少网民惊呼“上当”，“@韩冬言”等“大V”斥责称此事“只是一场法盲粉丝营销的闹剧”。

6. 主流媒体连续发文匡正舆情走向

9月2日起，主流媒体相继发表文章引导舆论。《南方日报》文章指出，“后援团‘饭圈式维权’的心意固然可贵，可贸然发声既无专业支撑，又显过分急躁，还为偶像招来了新的质疑”。《新京报》评论文章则针对自媒体乱象进行斥责，认为“围观庭审直播，既不宜抱着吐槽影视剧的娱乐化心态，也不能包藏刷流量的私心，不能用轻佻的流量玩法践踏司法的严肃性”。《中国青年报》则进一步肯定庭审公开的积极意义，称“这一次，名人效应为许多渴望参与法治但不得路径的民众提供了一个链接，现在我们都知道了——点击进入直播间，用关注给中国司法实践的探照灯供电”。此后，舆情热度回落。截至9月10日12时，与这起案件相关的舆论信息量超267万条，其中媒体报道（含客户端）7.6万篇，相关微博超253万条，微信公众号文章6662篇。

## 【舆情解析】

此次舆情因受害者家属的明星身份而触发，随着庭审疑点争议、自媒体带节奏而热度升级，最终在真相清晰后快速降温。而在嘈杂的舆情表象背后，司法公正始终是舆论关切的核心议题。

1.“名人效应”驱动舆情热度上升

在中国庭审公开网预告信息中，该案“交通肇事罪”的标题被淹没在同类案件中，公众如不知情很容易将其忽略。但媒体统计显示，同一天直播的其他交通肇事案件庭审，几乎没有一起播放次数超过1000，最低的只有100多次，而该案则超过千万。近年来中国庭审公开网公开直播的热点案件中，聂树斌案播放量为400万+，乔丹商标争议纠纷案播放量600万+，都远未达到本案的关注热度。法制网舆情监测中心认为，这很大程度上源于“名人效应”的强大驱动力。案件庭审直播前，恰逢谭松韵主演的电视剧正在热播，作为时下最受关注的女演员之一，剧中失去母亲的剧情与剧外谭松韵的遭遇高度重合，让舆论对其多了几分心疼与同情，情感天平严重倾斜。此次政法机关通过网络媒体将名人的“私事”展示于众，无疑激发出舆论的围观热情。公众急于想知道，即便身为公众人物，生活中遭遇到了与普通人同样的不幸时，他们会如何应对，政法机关又将作何处置？

2. 受害者与被告人身份标签引发舆论想象

本案中，受害者与被告人都具有鲜明的身份标签，令整个庭审过程看点十足。一方面，谭松韵的公众人物身份自带热度，被认为具有强大的号召力，足以影响舆论走向；另一方面，被告人的“官二代”身份同样为自身加码，特别是本案犯罪行为的发生及案件审理都在本地，很容易令舆论产生被告人家属“利用职权和关系干预司法”的猜疑。正如有媒体所言，“马某家在县域权力场的关系网，与谭松韵后援团的宏大声势，都是一样建立在身份之上的社会影响力”。因此在部分舆论看来，这起案件其实已经被赋予了更多意义，变成一场有关明星与官员的影响力“较量”，其结果必然备受关注。

3. 自媒体恶意带节奏推高舆情态势

此次舆情从爆发到回落，舆论场中始终有多股力量在拉扯，使舆论场一度呈现出嘈杂、混乱的态势，在社交媒体中体现最为明显。先是谭松韵粉丝团“在线发问”引导舆论风向，网民纷纷为谭松韵抱不平，甚至有人作出“人肉搜索”、举报公诉人等不理智举动。随后，各路营销号、微博“大 V”发文强调庭审过程的“不严谨、不专业”细节，将一场普通的交通肇事案扭曲成“涉酒驾、毒驾、二次碾压，监控失灵的恶性案件”，成功煽动舆论怒火。同时，在知乎、贴吧等平台中，各种标题耸人听闻的文章也随处可见，如《谭松韵事件的来龙去脉、前因后果，掰开才知道肇事者背景如此牛叉》《谭松韵请的张起淮大律师实绩一览，委托人杀手名不虚传》等，不断挑动舆论情绪对立。还有文章极力突出被告人马某“从小不务正业、吊儿郎当”“其父亲官职不大但极具人脉，多次与受害人沟通希望不要告，还买通办案民警”等情节，使得司法机关公正、严明的形象遭到极大冲击。

4. 司法公正作为核心诉求贯穿舆情始终

梳理整个舆论场发现，不论是谭松韵粉丝团“饭圈式维权”，还是网民、自媒体文章甩出的各种所谓“证据”，抑或是主流媒体发出的“莫要让舆论围观走样”的呼吁，其核心关注点始终只有一个，即案件办理是否公平公正。舆论期待通过司法审判，让被告人伏法，抚慰伤者，死者安息，这是舆论高度关注的深层心理动因，也是法院庭审公开的根本落脚所在。此次庭审直播中，案件事故过程、交通监控录像被反复播放讨论，专业律师、法律博主围绕“公诉罪名为何是交通肇事罪而非以危险方法危害公共安全罪”“影响本案定交通肇事罪的量刑因素”等专业法律问题讲理释法，就连代理律师、公诉检察官的庭审表现以及警方的前期侦查工作都被置于大众目光之下，接受严苛的审视与评判。可以说，这场庭审直播虽然风波不断，但也为公众议法、专业人士普法提供契机，为法院后续的定罪量刑争取民意支持打下基础。

## 【舆情建议】

目前，本案判决结果虽尚未公布，但经过这场直播，肇事者即将接受应有的法律制裁已成定局。同时，庭审中遗留的舆论疑点，也需要审理法院在判决阶段予以阐明，完成舆论引导的“收口”工作。不过，在庭审公开日益普遍的情况下，相比判决结果，本案带给政法机关的启示意义更大。法制网舆情监测中心以此案为例，提出三点舆情建议，为政法机关应对此类舆情提供参考。

1. 适应司法公开　提升全盘把握庭审节奏能力

整体来看，面对这起全国舆论高度关注的案件，审理法院主动公开直播庭审的勇气和做法实属可贵。尽管如此，仍有舆论客观指出，叙永县法院作为县域级别的基层法院，与一线城市的法院相比，庭审直播经验欠缺，不可避免地会出现瑕疵。比如在庭审议程的设置上，该案本是一桩事实相对清晰、证据链条较充分的普通交通肇事案件，但案件审理却历时近10小时，远超同类案件的审理时长，其中充斥着大量的冗余表达和无效争辩。例如，谭松韵代理律师为了论证某个事实，在公诉方播放了相关视频后又抛出一个50多分钟的“加长版”，遭到专业人士诟病。作为居中裁判、一锤定音的法院机关，对于可能引发舆情的敏感案件，有必要提前做好预判，庭审中更要全盘把控流程和议题，以稳妥的司法节奏引领舆论节奏。

2. 夯实办案细节　避免问题累积引发更大危机

梳理发现，舆论除了对法院庭审过程颇有微词外，对于此前公安机关的案件侦办流程亦提出质疑。警方办案时没留下毛发和血液的证据备份样本，因此无法确切证明被告人是否涉嫌毒驾，反映出办案警方对物证收集和保存程序存在重大瑕疵。另有分析文章指出，案发后交警部门在事故处理中也存在现场未勘验事故车辆痕迹、未鉴定行驶速度、事故路段监控设备疏于管理等多处不规范情形，导致第一现场证据缺失，而这恰恰是决定本案是交通肇事罪还是以危险方法危害公共安全罪的关键，成为引发争议的源头。近年来，庭审直播已经成为阳光司法下的常态，政法机关案件办理过程中的任何漏洞，都会经由直播展示在公众面前并被放大，成为少数网民攻击政法机关权威度和专业性的理由。因此，政法机关在办理重大刑事案件，特别是那些容易引发舆情的敏感案件时，务必要依法依规对各项事宜进行处置，夯实每一环节的办案细节，避免问题累积引发更大的舆情危机。

3. 坚持审判中立　以依法依规判决回击舆论杂音

本案中，审理法院“开门普法”本是好事，但这种司法阳光化的进步却被一些自媒体故意带偏节奏、断章取义，一度让舆情呈现失焦状态。在舆论环境更为复杂的当下，司法审判工作已经越来越不可能“独善其身”，媒体的报道、当事人的发声、网民谈论将更加多元，方方面面的因素都会对司法审判工作造成影响。具体到本案中，舆论对马某家属的公职人员身份、对警方通报将“多次劝投”认定为“自首”等细节始终心存疑虑，担心嫌疑人获得轻判。而破除这些疑虑，有赖于法院判决作出最终解答。审理法院一方面需严守司法中立，排除舆论杂音干扰，尊重事实、尊重法律，以合法、合理、合情的司法判决回应社会关注，维护司法权威；另一方面还需正视舆论诉求，加强释法普法，在宣判时对舆论疑问作出充分地解释说明，用法律和事实驱散迷雾。

（观察时间 2020 年 8 月 31 日至 2020 年 9 月 10 日）

4

# 外卖员安全问题频发　公众聚焦三大话题

**编者按：** 近日，一篇《外卖骑手，困在系统里》的文章刷屏网络。文中指出，在算法推动下，外卖员“用超速挽回超时”成常态，近年来遭遇交通事故的数量急剧上升，外卖员已经成为高危职业。相关话题迅速引发舆论关注并形成微博热搜，多家重点新闻媒体进行追踪报道，推动舆情高热。法制网舆情监测中心观察舆论场发现，针对此事，舆论深度聚焦三大话题，并带动关于科技进步与法律规制和社会人文关系的思索。本文通过梳理舆论动向，以社会治理的视角切入，探讨在大数据和人工智能的大背景下，如何更好保障劳动者权益、彰显人本价值。

## 【舆情事件】

2020 年 9 月 8 日，《人物》杂志的一篇题为《外卖骑手，困在系统里》的文章刷屏网络。文章指出，在外卖系统的算法与数据驱动下，外卖骑手疲于奔命，不得不超速、闯红灯、逆行，外卖员遭遇交通事故的数量急剧上升。文章引用两组数据说明问题：一是 2017 年上半年，上海平均每 2.5 天就有 1 名外卖骑手伤亡；二是外卖平台不断压缩配送时间，从 2016 年 3 公里 60 分钟时长，压缩到 2017 年的 45 分钟，再到 2018 年的 39 分钟。这篇文章发布几小时后就获得全网刷屏，外卖员的压力困境和未来解决方向引发舆论讨论。

面对公众对外卖平台派单不合理、“剥削”外卖骑手的指责，9 月 9 日凌晨，“饿了么”在官方微信公众号上推文《你愿意多给我 5 分钟吗？》，称“饿了么”会尽快发布新功能，在结算付款的时候增加一个“我愿意多等 5 分钟 /10 分钟”的小按钮，如果顾客不是很着急，可以多给外卖员时间。然而，这种让消费者自愿“多等五分钟”的措施招致广泛批评，很多网民表示“不买账”，认为“明明是平台自己的问题”，却将责任转移给消费者，是在“道德绑架”用户。9月9日下午，上海市消保委副秘书长唐健盛在接受媒体采访时表示，“饿了么”的声明在逻辑上存在问题，不能拿外卖骑手的过错让消费者承担。

9月9日下午，“美团外卖”发布声明，表示将更好优化系统，在为用户提供准时配送服务的同时，调度系统会给骑手留出8分钟弹性时间；同时改进骑手奖励模式，让骑手在保障安全的同时获得更实际的回报。央视、新华社、《中国青年报》、中国新闻网等多家重点新闻媒体对此话题予以关注。“饿了么‘多等5分钟’”成为热议话题，持续引发广泛探讨。多数舆论并不赞同这种提议，如白岩松在《新闻1+1》节目中评论称，“这是平台和监管的问题，不能直接甩锅给消费者，这么做不但不能解决真正的问题，而且只会让越温暖越宽容的人越吃亏，这不适合”。随后，舆论讨论也向更深层面延伸。

截至9月17日12时，与此事相关的新闻报道达5657篇，客户端文章1.8万余篇，微博讨论2万余条，微信文章3103篇，目前舆情趋于平稳。微博话题“#骑手送餐50分钟违规6次#”“#差评阴影下的外卖员#”“#央视再关注外卖骑手拼命抢时间现状#”等阅读量总计达5.2亿次。

## 【舆论观察】

舆论场中，各方观点普遍聚焦在商业经济追逐效率和利润时带来的安全隐患，并从劳动者权益保护、平台管理责任、地方管理监督三方面进行探讨。

### 1. 加强互联网用工关系的权益保障

#### ■ 保障劳动者的合法权益

不少媒体发声呼吁首先要保护劳动者合法权益。澎湃新闻评论称，“从更广阔的视野来看，在主要数字资本平台的推动下，将领薪劳动者转变为不稳定无产阶级的零工经济模式已成趋势。可以预见，如果缺乏必要的社会行动干预，零工经济将取代传统的雇佣劳动成为主流的用工模式，越来越多人的工作状态也将接近外卖骑手，在劳动权益严重受损的同时却陷入法律意义上无权可维的境地”。新华社评论也指出，“疲于奔命”的辛酸并不在我们发展的“目标册”中，只有切实保障劳动者合法权益，才能真正实现人的发展和进步，实现经济发展的最终目标。

■ 提升外卖员话语权

部分观点指出外卖员的话语权不足问题。光明网评论称，“在效率至上的逻辑里，在强大的平台面前，外卖骑手并没有足够的话语权，更像是一个无法反抗算法安排的接单机器。因此，想要解决外卖骑手的难题，首先还得从提升他们的话语权和博弈能力开始”。互联网经济专栏作家仝志斌也指出，部分外卖平台对实行类似“一票否决制”的考核过于苛刻，外卖员在评价体系中实际上处于劣势。其建议，平台一定要给外卖员开放合理的申诉渠道，制造一种公平的环境。中国人民大学公共管理学院教授马亮进一步建议称，应考虑形成产业联盟或行业协会，使相关企业能够朝着更加规范健康的方向发展。

■ 完善保险制度给予兜底保障

还有舆论关注到，在没有工伤保险的情况下，“高危职业”的外卖骑手如何进行保障的问题。全国人大代表许小英表示，用工企业没有法定缴纳保险的义务，而灵活就业者本人也没有缴纳保险的途径，这成为大多数灵活就业者无法参加工伤保险的制度障碍，建议制定能够切实保障劳动者权益的社保政策。中国劳动学会理事侯纯辉称，针对平台经济和灵活用工中安全风险较高的从业者，建议设立“特殊群体互助险”，与现有的雇主责任险、商业性人身意外险形成组合保险。

2. 均衡算法与法律、道德的关系

■ 改变平台考评机制

新华网在评论此类现象时表示：面对如此庞大的消费群体，外卖平台应该在配送效率、消费者感受、外卖小哥安全之中求得一个平衡点和公约数，不应偏废，整个行业更不能为了一味追求效率而忽视从业者的安全，否则也会危及长远的发展。法制网在评论文章中进一步建议："外卖平台应改变内部考核和积分评价机制，这是保障外卖小哥生命安全的根本途径。外卖平台可建立成熟理性的平衡机制，使接单完成数量不再是外卖小哥的最大利益驱动，应让遵守交通规则也成为订单完成质量的考核标准。此外，平台还可制定相应的送餐数量调整机制，如设置一定时间内接单数量的最上限。"

■ 建立更人性化算法

舆论目光聚焦于什么样的算法才更人性化。如澎湃新闻反思道，"算法的存在主要是为了提高外卖的配送效率和精准性，然而外界对于企业提高外卖员人性化待遇的呼声渐高。那么算法支撑的商业行为有什么社会后果，是否应该承担相应的社会责任，值得思考"。对外经济贸易大学商学院教授范黎波认为，一定要考虑公平问题、尊重问题，要有对自然的敬畏，对弱者的同情，效率和公平之间绝对要兼顾。北京大学经济学院教授曹和平则建议把安全因素放进算法系统中，并在整个软件系统中加大安全评估权重，把安全、高效结合起来。

3. 强化政府部门相关监管

■ 外部监管需要及时跟进

不少媒体认为企业产生的负外部性由社会承担，这本质上也反映出监管的缺失。红网文章指责道，外卖骑手长期普遍违反交通法规，为何交管部门一再放任？该文章还建议，对超标电动自行车的管理也应提上日程，对纵容骑手频繁违法甚至将"逆行"作为规划路线的平台方，更要加强管理。复旦大学国际关系与公共事务学院教授郑磊反问"政府这只'看得见的手'该怎么管"，他认为政府管理必须划清一些底线问题，如外卖骑手最底线的安全保障、安全要求，至少原则性问题和审查是必要的；另外是促进市场的开放性，让更多的竞争者可以参与进来，审查太严格会造成行业的垄断，或是寡头竞争。

## ■加强对平台的法治监督

南开大学滨海开发研究院院长助理薄文广指出，要加强对外卖骑手违规行为的地方监管，提升惩罚机制。对于外卖骑手交通违规行为，平台系统算法在某种程度上是默许的，除骑手本人外，平台方也要担负相应法律责任。上海汉盛律师事务所高级合伙人律师李旻表示，就缩短派送时间和变更惩罚规则来说，外卖平台属于电商服务平台，需要受电子商务法的约束。根据电子商务法第三十四条明确规定，平台修改服务协议和交易规则的，需要遵循一系列法律步骤，如果平台对规则的变更未能满足上述要求，对骑手来说应当是无效的。

## ■从法律层面明确界定平台责任

更多声音则呼吁法律介入。北京中闻律师事务所律师赵金涛表示，国家应该加强对互联网经济用工的监管，从法律上明确用工性质和责任主体，在目前没有具体规定的情况下，不论属不属于劳动关系，只要在提供劳务过程中受到伤害，均可以要求雇主承担相应责任。《检察日报》评论称，更重要的还是加强骑手与平台的用工关系，这样平台就更有可能从骑手和用户的综合角度出发，制定更加科学有效的管理体系，从而促进行业健康发展。

## 【舆情点评】

“骑手送餐 50 分钟违规 6 次”等话题登上微博热搜榜，从一个行业性讨论延伸引发全社会的深度探讨。表面来看，资本追求利润、关注效率是市场规律，消费者渴望更便捷体验是天经地义，外卖员想多挣钱满足美好生活也是理所应当。可正是三方看起来本应该皆大欢喜的结果，却酿成了外卖骑手成为高危职业、“拿命送外卖”的恶果。“困在系统中”成为一种现象，其背后折射的更多的是科技进步与法律规制、道德伦理与商业逐利之间的矛盾。那么如何在法律层面进一步促进技术与生活得更好结合，防止冰冷的算法无视社会基本道义，将技术进步变成凌驾人类的“异化物”，这一深层次问题需要引起普遍思索。

第一，在精密算法的驱动下，外卖员疲于奔命，“用超速挽回超时”的结果本身就不合理。算法不断优化追求极致效率，带来的是与社会伦理和国家治理的冲突。而在大数据和人工智能大规模来临的不远未来，每个人都有可能被“困在系统中”，面临被算法掌控的人生，因此外卖骑手的遭遇能够引起广泛共鸣。为避免冰冷无情的算法忽视人类尊严安全的基本诉求，从国家层面来说，需要不断运用法律规制算法偏差，在监管技术优化过程中赋予法律主导权，强化技术和法律的融合，以确保和实现算法的公正。

第二，目前众多外卖平台属于互联网新经济业态，其特点是化零为整地聚合更多劳动力，这也给传统用工关系增添了新的概念内涵和保障难题。目前，不少平台公司通过业务承包等方式将员工转给外包公司，实质是对自身责任的一种巧妙转嫁和责任推脱，导致经常出现劳动者遭遇意外陷入维权难、无保障的困境。目前当务之急是尽快规范平台用工关系，通过行政手段倒逼平台承担社会责任。更重要的是，要及时从法律和政策层面入手，以更明确的法律界定破解劳动用工窘境。

第三，从长远来看，监管部门需要负起更积极的作用。一方面，在促进经济发展和保护劳动者权益之间做好协调工作，通过主动作为式的监管，破除人工智能、大数据等新形态下的劳动关系卡点；另一方面，可以考虑引导平台企业形成行业协会等社会组织，制定保障骑手权益的行业公约，构建和谐的劳动关系。

（观察时间 2020 年 9 月 8 日至 2020 年 9 月 17 日）

5

# “鲍某某案”真相大白 官方有序引导巩固处置成效

**编者按：**2020 年 4 月，上市公司高管鲍某某涉嫌性侵“养女”一案曝光后迅速引爆网络舆论场，随后最高人民检察院、公安部成立联合督导组介入调查。在此后长达 5 个月的时间里，舆论的关注热情始终未曾减退。2020 年 9 月 17 日，联合督导组就此事发布官方通报，就舆论关切进行回应，北京市司法局、山东省烟台市公安局等多个处置部门也相继发声，通报实体处理情况，高水平的信息发布和引导工作获得舆论充分认可。法制网舆情监测中心梳理本次事件，总结处置经验，反思其中启示意义，以供参考。

## 【舆情事件】

2020 年 9 月 17 日 15 时 02 分，最高人民检察院、公安部先后通过各自所属头条号、微博等官方自媒体账号就鲍某某性侵“养女”一案作出通报。通报共分成四部分，分别就鲍某某、韩某某（原报道化名“李星星”）二人的基本情况、交往情况以及韩某某控告鲍某某性侵情况等作出详细说明，调查发现韩某某年龄造假，两人见面时韩某某已经成年，以“收养”名义交往并发展为两性关系；韩某某提供的陈述性内容和有关证物与事实不符，鲍某某行为不构成性侵。

随后，介入处置此事的地方部门陆续接棒回应。15 时 09 分，北京市司法局微信公众号“京司观澜”对鲍某某及相关律所违法违规问题作出通报，称“鲍某某在取得外国国籍后隐瞒不报，向司法行政部门提供虚假材料，已吊销其律师执业证书，其所在律所因失职问题被追责调查”。15 时

20 分，山东省烟台市公安局微信公众号“烟台公安”发布通报称，依法执行公安部对鲍某某驱逐出境的决定。17 时 02 分，安徽太和县政府通过其官方今日头条号“太和发布”通报称，太和县针对有关部门在韩某某户籍年龄变更中存在的违规办理问题进行问责，太和县公安局、县卫生院等 12 名涉事人员被依法处理，韩某某户籍年龄信息得到纠正。17 时 04 分，“烟台公安”再发第二份通报，称针对基层办案单位和个别民警执法不规范、答复当事人和外地警方态度生硬等问题进行整改。

一连串的官方通报瞬间引爆了舆论场。当日，“@ 人民日报”“@ 新华视点”等中央媒体，中国长安网、“中央政法委长安剑”等政法媒体，澎湃新闻等多家商业网站均关注报道此事，舆情热度快速攀升。截至 2020 年 9 月 24 日 12 时，相关报道 5200 余篇，客户端文章 2.4 万余篇，微博 52 万余条，微信文章 8500 余篇，“# 鲍某某涉嫌性侵案调查情况 #”“# 公安部决定对鲍某某驱逐出境 #”“# 鲍某某被撤销律师执业证书 #”等多个微博话题阅读量超 28 亿次。

## 【舆论观察】

最高人民检察院和公安部的通报一经发出即引发网民热议，仅用半个多小时就推动舆情触顶。此后，传统媒体、自媒体竞相发布评论分析文章，就事件处置工作及其折射出的问题与现象进行评价和讨论。

### 1. 点赞政法机关调查处置工作

澎湃新闻、《新京报》等媒体高度肯定政法机关的调查工作，认为对于这样一起涉案地多、时间跨度长、取证难、证据审查容易产生争议的案件，最高人民检察院、公安部等部门作出了全面调查，回应了民众关切，体现了不枉不纵的法治精神，树立了处理类似公共案件的标杆。《北京青年报》文章称赞道：“从这起案件处理中，不难看出政法机关那种不枉不纵、既回应舆论又不屈从舆论的清晰态度。认真调查事实，严格依照法律，是这起案件敢于给出‘反转’结论的底气所在，也是舆论顺畅接受的原因。”

2. 批评涉事各方无道德无下限行径

此次事件结果翻转之大、情节之戏剧化令不少网民直呼“狗血”，网民论调也从整齐划一地谴责鲍某某变成了对涉事各方的严厉批评。澎湃新闻称“鲍某某以收养名义‘猎艳’，无罪亦无耻”；红网文章斥责韩某某“怀揣险恶用心浪费社会资源，透支未来网络求助者信誉，消耗群众善心”，连同韩某某的父母也被打上“卖女求荣”的标签。一些自媒体文章批评此前《南风窗》的失实报道严重冲击社会道德底线，撕裂警民间的信任，甚至有声音不客气地指出，“南风窗报道的刷屏和财新报道的撤稿，代表的是新闻专业主义的一次双重溃败，是传媒行业‘劣币驱除良币’的结果”。

3. 反思网络反转现象

本事件中的舆论反转现象引发主流媒体热烈讨论。《半月谈》文章称，“此案之后，之前激动的网民、带节奏的‘大 V’都应有所反思，在真相水落石出前应当理智发声，不要被谣言和一面之词带偏方向”。央视新闻《新闻周刊》主播白岩松呼吁：“我们应该有等待真相的耐心，而不是立即用想象的事实替代事实，用情绪来完成宣判。”不过，部分自媒体则对此表示出宽容立场，如微信公众号“闲时花开”文章认为，“公众舆论只是以更大的呼吁呐喊，唤醒公权力重视舆情。如果动不动就用‘反转’来否定网络时代下人们对公众事件的参与和推动，来嘲笑舆论和媒介对公权力的监督，其实是另一种狭隘和愚昧”。

4. 追问事件背后的法律问题

虽然此事处置工作已基本完结，但舆论并未停止追问。首先，部分舆论认为鲍某某和韩某某的行为已经触犯了法律，如不少网民表示，鲍某某的行为属于犯罪未遂，韩某某改年龄不影响其主观犯罪故意的成立；有律师也指出，“即便韩某某及其母亲同意结婚，鲍某某也不能免除刑责”。对于韩某某，微信公众号“红辣椒评论”文章认为，“法律的尊严被肆意亵渎，司法机关和公共舆论被玩弄于股掌，耗费的司法资源难以估量，也应追责”。另外，还有部分舆论猜测此事背后存在“网络送养”灰色产业链。

《天天快报》客户端文章称，“此事件中，非法送养的渠道如何产生的、有没有成型的地下组织和平台、还有多少买主没被查出等，才是值得我们关注的问题”。

## 【舆情解析】

### 1. 调查“空窗期”舆情涟漪不断拉高舆论期待

此案因涉及性侵未成年、“网络送养”灰色产业链等多个敏感话题，从曝光之日起就备受瞩目，真相如何始终萦绕在公众心头。然而自政法机关介入调查以来，迟迟不见结果发布，如同一只未落地的靴子令公众猜想不断。5个月的调查“空窗期”内，不时有网民在各类热点舆情事件下留言，称“每日一问：‘鲍某某今天伏法了么’”，一些自媒体乐此不疲地推出“鸡汤文”表达对女孩的同情，还有网络“大V”预测称案件结果有可能“反转”等。同时，与案件有关的各种信息，不论是司法部点名鲍某某违规兼职，还是鲍某某发表“洗白”文章、发朋友圈称“将召开中外记者会回应质疑”，抑或是韩某某被指涉嫌“年龄造假”等，任何一点风吹草动都引起舆论的围观、揣测与追问。可以说，此案真相吊足了公众胃口，一旦发布必将吸引舆论强势关注。

### 2. 反转结论打破原有认知刺激舆情热度飙升

舆情曝光之初，女方“控诉”加上海量“细节”呈现，早已令鲍某某的“人渣”形象“深入人心”。网民义愤填膺，只等官方一纸通报“一锤定音”。但官方通报结论却与公众原有认知截然相反，假性侵、假年龄、假收养、假精神控制……“上市公司高管性侵幼女”的恶性案件变成“恋童癖遇上女骗子”的狗血故事，着实令人惊愕。一时间，舆论场充斥着各种谩骂、讽刺、调侃之声，“两人各怀鬼胎，却又贼喊捉贼”“男的企图童养媳，女的指望攀高枝，目的不纯屡出丑，物以类聚皆彼此”等各种网络段子和打油诗层出不穷。还有网民展开“人肉搜索”，扒出韩某某真实姓名、照片等个人信息，表达自己被愚弄、被消费的愤怒，一些抨击媒体

“无下限炒作”的观点也开始出现，超高的讨论热度令舆情在极短时间内迅猛发酵并冲上热度峰值。

## 【舆情点评】

面对这起有着超高关注度的网络舆情事件，以最高人民检察院、公安部为首的相关单位展开实体调查和处置工作，表现出专业的舆论引导能力，获得舆论认可。同时，本事件给政法机关也带来一些启示。法制网舆情监测中心对其中的经验教训进行总结，以资参考。

### ■ 三点经验

#### 1. 实体工作扎实　依法处置违法违规问题获赞

一份好的官方通报，必然以扎实的实体工作为依托。特别是此案的社会关注度极高，舆论影响极为恶劣，要想扭转已有的舆论认知、让广大公众接受调查结果，其中的难度可想而知。此次政法机关做了大量而细致的调查工作，如依法讯问、询问当事人，走访相关证人，提取各类证物、视频资料、电子数据，开展现场勘验鉴定、骨龄鉴定等，政法机关以充分、有力的证据对事实进行支撑、佐证，极大提升了通报内容的含金量和说服力。值得一提的是，政法机关依法吊销美国籍鲍某某的律师执业证书，并将其驱逐出境之举堪称“神来之笔”，令网民的愤懑情绪瞬间得到释放，不论是在实体层面还是舆情层面都实现了圆满闭环。

#### 2. 整体规划统筹　确保官方声音引领舆论

梳理舆论不难发现，官方的整个信息发布显然是经过全盘统筹部署，看似信息出口分散、内容各有侧重，但实则联系紧密、环环相扣：首先，各处置部门依照职责内容分别回应，如户籍造假涉及学校、卫生等部门，由安徽太和县政府统一通报，鲍某某律师身份问题由北京市司法局回应等，真正做到权责清晰、界限分明；其次，官方的信息发布遵循从中央（联合调查组）到地市（北京司法局、烟台警方）再到县（太和县政府）的地域梯度，2 小时内共发出 5 份通报，涉及该事件方方面面的责任，确保信息内容的衔接性和关联性；最后，各处置部门灵活运用今日头条、微博、官方微信等多种媒介渠道，最大程度扩展了权威信息的传播范围。这种“多部门、多层级、多渠道”式的信息发布格局收效显著，很好地引领了整个舆论场的走向。

3. 通报内容翔实　有的放矢直击舆论痛点

从舆情回应的内容来看，官方给出的这份调查通报可以称为“教科书”级别。据法制网舆情监测中心统计，各级官方发布的“一揽子”通报总共近 3000 字，不仅以复盘的方式对整个事件过程进行推演，完整还原了鲍韩二人从认识到交往再到矛盾频发，韩某某屡次报警威胁又撤案的过程，还针对鲍某某执业违规行为、烟台警方问题整改、韩某某年龄造假等情况作出说明，几乎覆盖所有的舆论质疑点。另外，通报特意强调自 4 月以来，山东、江苏、天津、安徽等涉案地公安机关成立专案组展开调查，6 月以来联合督导组又对案件调查进行全面复查的经过，为超长的“空窗期”作出交代，赢得公众理解，促使舆情快速回落。

■ 两点启示

1. 舆论重压下的政法机关需承担主动引导责任

官方通报公布之后，事件带来的反转引发舆论长久唏嘘。以“水母侦探社”等为代表的警察自媒体发文，痛斥媒体无良、群众“吃瓜”却让警察“背锅”。理性声音也一致呼吁，公众对公平正义的渴求应当得到满足，但必须要建立在客观真实的基础上，否则就不是“监督”而是“添乱”“裹挟”。以此案为例，案件是否存在性侵未成年人的犯罪事实、是否应当追究当事人法律责任，须由政法机关以事实为依据、以法律为准绳作出处理。这是政法机关应尽的义务，也是义不容辞的责任。所以，政法机关面对此类事件，一面要及时回应舆情，倾听民心民意，一面要保持公正、中立的立场，以完整事实还原真相，维护司法公平公正。

2. 严惩“报假警”等违法行为维护法律权威

与该案中韩某某行为相似，此前引发热议的罗冠军“性侵”事件中也存在女性“报假警”的问题。在舆论看来，这类所谓“受害人”的虚假指控不仅浪费大量司法资源，更严重消耗社会信任，令那些真正的受害者维权更加艰难，法律应当有所作为。对于政法机关来说，还需具备一双“慧眼”，在纷繁复杂的网络信息中快速甄别违法犯罪线索，对那些用“报假警”等方式恶意中伤、诋毁他人、浪费司法资源的不法行为，政法机关要果断出击、依法惩治，维护网络正常秩序，化解潜在的舆情风险。

（观察时间截至 2020 年 9 月 24 日）

6

# 北京六单位通报郭文思减刑案充分引导获社会肯定

**编者按：**2020年9月13日晚，北京市纪委监委、北京市委政法委、北京市高级人民法院、北京市人民检察院、北京市司法局、北京市监狱（戒毒）局六部门，分别就郭文思减刑案的调查及处置结果进行通报。此次案件涉及公权力部门及公职人员多、波及范围广，受到舆论持续关注。总体上，该案调查结果内容客观详实，直击舆论焦点，并从制度层面反思填补漏洞，在形式上多部门联动发声，强化引导聚合力，赢得舆论一致认可。法制网舆情监测中心从通报主体、内容技巧等方面总结舆论引导经验，为有关部门处置类似舆情事件提供参考借鉴。

## 【舆情事件】

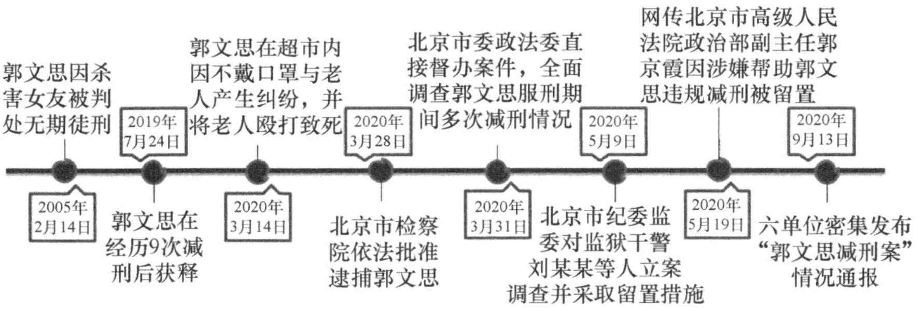


1. 北京六单位半小时内密集通报案件调查结果获肯定

2020年9月13日晚10时起，北京市纪委监委、北京市委政法委、北京市高级人民法院、北京市人民检察院、北京市司法局、北京市监狱（戒毒）局六家单位分别就郭文思减刑案发布通报。通报称：在郭文思服刑期间，郭万普（郭文思之父，中国原子能科学研究院退休职工）以直接或通过他人请托监狱系统、检察院、法院相关工作人员，并给予款物的方式，谋求关照郭文思服刑生活，帮助郭文思快速减刑；所涉 14 名公职人员及重要关系人涉嫌受贿罪、行贿罪、徇私舞弊减刑罪等案件，郭文思故意伤害致人死亡一案，已经移送北京市有关检察院审查起诉；郭文思减刑案件确有错误，已经启动重新审理程序；相关责任单位表示将深刻反思、举一反三、强化监督，做到“以案为鉴、以案促改”。通报发布后迅速引发热议，不到 12 小时，“# 北京通报郭文思减刑案调查结果 #”“# 北京市纪委监委通报郭文思减刑案 #”等相关微博话题累计阅读量超 1300 万次。多数网民点赞相关处置部门敢于直面问题、调查细致、及时纠错，对相关案件后续定罪、判刑等进展表示期待。

2. 媒体集中发布评论文章　舆论讨论话题扩散

9 月 14 日，多家媒体关联内蒙古“纸面服刑”案、“云南孙小果案”等类案，集中发布评论文章，讨论内容延伸至减刑监督等监狱管理话题。一方面，剖析典型个案折射的权力运行风险点及“减假暂”制度漏洞。《中国纪检监察报》刊文称，一些刑罚变更执行评判标准缺乏可量化、易操作的法律认定细则，导致执法司法尺度不统一，存在廉政风险点。红星新闻评论称，该案发生的根源并非表面看到的“人情网”，而是权力未得到有效监督和约束。最高人民检察院相关工作人员表示，计分考核结果作为提请减刑、假释的重要依据，实践中主要以罪犯劳动表现为重点，较难准确反映罪犯的教育改造情况。另一方面，建议补齐法律短板，强化权力监督。《羊城晚报》发文称，规避“暗箱操作”的重要一环是增加办案透明度，减刑申请标准、立功的种类和效力、分数取得的定量化细则等规则要一定程度的予以公开。《现代快报》认为，必须进一步统一减刑、假释案件的裁判尺度和执法标准，强化程序，严厉问责。《新民晚报》建议，各级部门要通过建立监督检查长效机制、建设全国减刑假释信息化办案平台等途径，合力打造阳光司法。

3. 媒体披露更多案情细节　引发小范围舆情波动

9月19日，经济观察网首次披露郭文思减刑案部分细节。文章称，郭文思家属为帮助其违规减刑，十多年来行贿金额超过200万元。有知情人士透露，郭文思实际获得过10次减刑机会，其中一次因监狱工作人员报送材料不及时而导致减刑未遂。该篇报道引发小范围讨论，部分网民猜测该案牵涉甚广，或因触及高层利益未披露全部犯罪事实。文章发布不足24小时被删除。

目前，该案舆情热度走低，但要求严惩涉案公职人员的呼声不减。截至9月24日12时，相关新闻报道3592篇，微博2.7万余条，微信文章2259篇。“#官方通报郭文思9次减刑#”“#北京市纪委监委通报郭文思减刑案#”等微博话题累计阅读量超4000万次。

【应对评点】

这起公众瞩目的减刑案件波及法检司多个部门，前后共涉及5所监狱，人员庞杂，年代久远，案件调查难度大。而公众迫切要求查清真相，呼吁涉事部门披露减刑细节、彻查“保护伞”的声音一直存在。面对高强舆论压力，北京六家单位联动发布通报，查明来龙去脉、厘清法律责任，努力将负面舆情转化为正向引导和改善工作的契机，最终赢得舆论一致认可。总结来看，以下四点经验可供借鉴。

1. 多主体联动发声　形成引导合力

郭文思减刑案席卷法检司多个部门，若涉事主体各自为营、单独发声，容易造成回应口径不统一，难以保证信息发布的统一性和有序性。此次通报主体责任明确、步调有序，破解了舆情回应“谁来说”的难题。因事涉公权力单位和公职人员，北京市纪委监委作为纪检监察机关率先发声，公布郭文思减刑案详细情况，避开了涉事方自行通报被质疑可信度不足的风险，使得调查结果更加客观、公正，有助于提升公众对官方结论的认可度。紧跟其后，北京市委政法委、市高级人民法院、市人民检察院、市司法局、市监狱（戒毒）局按照相应管理职责分别通报了相关涉案人员的处置情况和改进举措，向外界传递出北京政法机关有错就改、有错必纠的担当和勇气。不到半小时，六单位密集发声，在各司其职的基础上形成合力，形成整齐划一、化零为整的联动格局。

2. 通报内容全面客观　直击舆论焦点

纵观六单位的通报，篇篇都直面舆情焦点，内容言之有据、有的放矢，把事件解决与舆情回应融合在一起，既回应了社会关切，也有力震慑了违纪违法行为。首先，案件关键“重点说”。通报追流溯源，在开头处表明事件背景，直接点出舆论质疑焦点是郭文思的“多次减刑和改造成效问题”，用 1134 字的内容详细披露了以郭文思父亲为起点、用金钱开路、涉及多名公职人员的交易链条，通过对涉案工作人员严肃处分并启动案件重审，旗帜鲜明地表达出对知法犯法问题“零容忍”的态度以及对案件一追到底的决心。其次，调查过程“详细说”。调查时长 5 个多月，贯穿减刑的各个程序，取证范围涵盖证人、涉案公职人员及相关文件资料，让公众感知到此次调查的全面、客观、务实。最后，反思整改“不忘说”。实际问题的解决是舆情处置的落脚点，解决问题才是舆情引导的核心。六家单位在依法追究相关人员责任的基础上，深刻反思、举一反三，补上制度和执法漏洞，如北京市委政法委督促法检司等部门修订完善减刑、假释等相关规定，市监狱（戒毒）局全面深化罪犯日常管理工作漏洞，均是以个案推动法治进步、坚决捍卫法律权威的题中之义。

3. 媒体引导与管控相结合　压缩恶意揣测发酵空间

此次信息通报方面，处置部门还积极与主流媒体进行沟通交流，有效引导媒体报道事件的角度、内容和倾向，确保报道口径与通报内容保持一致，引导公众“怎么看”的同时还进一步讨论了“怎么办”。主流媒体议程多围绕事件本身展开，既有对调查翔实、处置果断的认可，又有对减刑制度、监管漏洞的反思，还有提出改进相关工作的建设性意见，评论视角中立、理性。与此同时，密切关注舆情走向，对于攻击政法机关和干警群体、恶意炒作涉案人员职务身份等有意歪曲案件事实的信息采取封控措施。例如，针对经济观察网披露该案还有“秘密”未曝光的报道，涉事部门及时排查相关信息的传播情况，查删部分文章，压缩网民关于“郭文思家庭背景深厚”“查明的犯罪事实可能是‘冰山一角’”等恶意揣测的发酵空间，因此舆情小幅升温后很快又归于平稳。

4. 充分调动网评力量　抢占制高点奠定主基调

在海量信息和匿名性的网络环境中，网民表达通常比较感性化、情绪化、简单化，具有明显的非理性色彩。加之，本案涉及违规减刑这一高热话题又牵涉面广，很容易触动公众敏感神经。若官方未能在第一时间占领舆论制高点进行引导，网民很可能用夸张、讽刺、戏谑的口吻来解读事件，甚至对涉事部门进行攻击、吐槽，导致舆论偏离事件本身。北京市司法局等涉事部门事先积极与舆情专业机构进行沟通，确定网评工作的引导方向及话术。在通报发布后，发动全系统网评员率先发声，在微博、微信等网络平台留言750余条，“刀刃向内、直面问题”“秉公处理、透明高效”“调查结果全面翔实”“支持调查结果”等正向评论获点赞超9000次。此举迅速奠定舆论主基调，使得认可北京官方通报及处置态度的声音始终处于主导。

## 【分析师小结】

郭文思案原是一起情节简单明了的故意伤害案件，因犯罪嫌疑人的刑释人员身份牵连出减刑“爆点”，经过媒体挖掘报道，最终演变为席卷法检司多部门的次生灾害。前期涉事部门已进行两次回应，有效阻断舆情恶化势头，但因未释明“多次减刑如何实现”“9次减刑是否合法合规”等关键问题，难以满足公众“严查‘保护伞’”“严惩涉案人员”的诉求，引导力整体偏弱。此次，六家单位在半小时内联动发声，调查、追责、通报、引导、反思、整改一步不少，从个案层面上修复了政法公信力，为类似事件的处置提供样本，同时又不止步于个案，还进一步健全和完善制度，依法堵住“减假暂”等司法腐败的漏洞，在实践中不断维护司法执法的公平公正。

目前，郭文思故意伤害致死案等相关案件已进入司法流程，舆论场中要求严惩郭文思故意伤害行为以及涉案公职人员的呼声较为强烈，后续案件判决结果、减刑案件重新审理进展、涉事人员定罪量刑情况等，都将受到舆论严格审视，或滋生新一轮舆情。建议北京政法机关借鉴本次应对经验，针对舆论关注焦点、热点，围绕“由谁说、说什么、怎么说”制定引导方案，及时发布调查进展，充分阐述案件事实和法律依据，促使舆情平稳过渡。

（观察时间截至 2020 年 9 月 24 日）

7

# 四川“拉姆案”研究

**编者按：** 近日，四川藏族姑娘拉姆直播时被前夫唐某纵火烧伤一事引起社会广泛关注。拉姆长期遭受家庭暴力的遭遇经过媒体曝光后，舆论讨论焦点很快转到对反家暴话题之上。2020 年 9 月 30 日，拉姆因伤势过重去世，随后网络舆情急剧攀升，社交媒体上出现“拉姆法案”的呼声，要求“立法”保障女性权益、惩治执法机关不作为等。主流媒体纷纷发声，引导舆论理性讨论。目前，拉姆前夫唐某因涉嫌故意杀人罪已被警方抓获归案，案件正在进一步依法快速侦办中。舆论场上该案热度虽已降温，但负面情绪较为普遍，舆情风险仍存。法制网舆情监测中心在梳理事件过程的基础上，分析网络舆情特征，并就家暴这类热点舆情的处置引导工作提出建议，以供参考。

## 【舆情事件】

### 1. 媒体曝光恶劣案情触发网络关注　舆论聚焦拉姆遭受家暴经历

2020 年 9 月 18 日，红星新闻推出首发报道《愤怒！网红直播时遭前夫纵火，致重度烧伤》称，9 月 14 日 20 时许，抖音平台直播博主“黑姑娘”拉姆（粉丝数 24.2 万，获赞 291.3 万）在四川阿坝金川县观音桥镇家中直播时，遭前夫唐某突然闯入并泼汽油纵火，导致全身 90% 以上极重度烧伤。由于治疗费用高昂，拉姆父亲及其家人不得不向社会公开筹款，目前筹到善款已超百万元。9 月 17 日，金川县公安局发通报称，犯罪嫌疑人唐某已被警方控制。随后，澎湃新闻、每日经济新闻等媒体介入报道，网络关注热度火速攀升。网民谴责凶手残忍，并为拉姆祈祷，希望她挺过难关。

9月19日，舆情持续发酵。根据红星新闻、澎湃新闻等媒体追踪报道，拉姆的家庭情况和整个事件脉络逐渐浮出水面。报道称，拉姆母亲2012年去世，父亲因病致贫被划入建档贫困户；拉姆为人善良、懂事孝顺，平时会定期在抖音分享其在山里采药、烹饪及唱歌的生活视频；其与前夫唐某结婚10余年间多次遭受家暴，曾向当地警方报警或寻求妇联帮助均无果，唐某没有受到任何法律惩罚。在历经“家暴—离婚—被逼复婚—再家暴”的反复折磨后，拉姆于2020年6月通过法院再度离婚，此举彻底惹怒唐某，故而纵火报复。目前拉姆已转到四川省人民医院，情况不容乐观。真相曝光后，网民更加同情拉姆，舆论场上要求严惩唐某的呼声日益高涨。

2. 拉姆去世将舆情推向顶峰　舆论反思反家暴执法问题

在舆情回落数日后，9月30日上午，“腾讯新闻－谷雨实验室”微信公众号刊发文章《被前夫烧毁的拉姆》一文在社交媒体中刷屏。文章援引当地民警叙述称，办案民警“看到两家都在吵架，抢夺孩子，他认为这属于家庭纠纷”“愿意站在她（拉姆）这边，警告男方不要太过分，别动手，但是除此之外，其实能做的也很少，清官难断家务事”。这些细节激起部分网民对执法机关的不满，在后续的评论和讨论文章中被广泛引用。

9月30日深夜，红星新闻报道称拉姆终因伤势过重去世，该消息令舆情热度急剧攀升，10月1日当天的舆情信息总量超40万条，“拉姆”一词微博实时热搜量近150万次。同日下午，长期关注女性权益的自媒体人侯虹斌在其个人微信公众号发文，将拉姆称为“完美受害者”，通过对比警方处置女性受害案到司法机关处理杀妻案的数据，指出“女性一进入婚姻就自动丧失了人权”的原因是“法律、执法的问题”。文章最后总结称，“她（拉姆）那么完美，却没有用，法律微笑着，把刀递给了要杀她的人”。该文章阅读量很快突破10万+，被多家自媒体公众号转载。

10月1日傍晚，同样长期关注女性权益的微博“大V”“@我是落生”发帖称“我们需要#拉姆法案#”，“大V”“@周玄毅”等人在评论区留言补充“法案”具体条款，其中热门内容包括：任何一方有生命威胁之言行，视为自动解除婚约；夫妻任意一方提出离婚都可即刻生效，最多分居半年后婚姻自动解除；年幼的孩子优先判给母亲，或双方协议共同抚养等。该微话题获得大量网民力挺，转发量逼近20万人次，当晚就被推上了微博热搜榜。与此同时，微博用户“@厌女 bot”也发起呼吁活动，以拉姆笑容为底图、以“面对家暴，请停止不作为，惩戒不作为！”为口号的海报引起了2万多名网民的转发。自此，舆论焦点完全转向政法机关，围绕反家暴领域的执法司法问题的讨论将舆情热度不断推高。

3. 警方通报案件侦办结果　主流媒体理性发声引导舆论

10月1日，金川县公安局发布警情续报称，唐某涉嫌故意杀人罪已于9月14日被警方抓获归案，案件正在进一步依法快速侦办中。10月2日，拉姆遗体火化，网民自发在线上线下送别，不断累积的舆情热度攀到峰值。此后，主流媒体对此事展开评论引导，舆论风向开始朝着保障女性权益、严惩暴力犯罪、严格反家暴执法等方面推进。“@钧正平”表示，“保护妇女权益必须上升为国家意志”；“@光明日报”评论称，“不要用伦理叙事搅浑司法叙事，不要用家务事包装犯罪，对家暴必须零容忍，对犯罪行为必须一视同仁”；“@央视新闻”进一步强调，“保护女性是一场需要全社会共同努力的行动。如果执法部门和司法机关介入再积极些、到位些，悲剧也许就可以避免”。针对网民热议的“拉姆法案”，观察者网风闻社区评论文章细举反家暴法的内容和要求，反驳称我国对家暴现象的立法规制并不空白，甚至在理论上是相对完善的。另外，网上出现一些嘲讽拉姆，蹭热点、蹭流量的无良行为，如个别网红主播到医院、殡仪馆等地直播，东莞一剧院为宣传新剧目“消费”拉姆等，受到公众同声批判谴责。主流媒体和公共舆论所表现出的对社会公序良俗的自觉维护，为舆情的正向发展起到助力作用。

截至10月29日12时，与此事相关的媒体报道近24万篇，微博信息超120万条，先后出现“# 拉姆 #”“# 姐姐讲述拉姆曾长期遭家暴 #”

“# 拉姆离世 #”“# 拉姆前夫涉故意杀人罪被抓获 #”等多条热搜，微信公众号文章近 4 万篇。

【舆情解析】

本案行凶者作案手段残忍、后果严重，社会民愤极大，在近年多发的家暴案件中也十分罕见。从媒体曝光案件到拉姆去世的十余天里，舆论场中不断就家暴维权、反家暴执法等问题展开讨论，其中一些话题还受到境外媒体关注。分析来看，此次舆情表现出超出寻常的激烈与迅猛，与其广泛地唤起了公众尤其是女性网民对家暴案件的愤怒、恐慌情绪密切相关。同时，在部分网络势力的推动下，有关反家暴“立法”的话题出现，增加了舆情的敏感性和复杂程度。

1.“完美受害人”人设点燃公众对家暴案件的愤怒情绪

早在此前，拉姆已是抖音短视频平台中小有名气的网红主播，发布的作品传递出积极向上的形象，获得不少网民的喜爱，他们用“勤劳”“美丽”“孝顺”“善良”“阳光”等一系列美好的词汇来描绘拉姆。凶案发生前，拉姆一直饱受前夫骚扰殴打，她是弱势的、无辜的；凶案发生后，拉姆被烧伤后的惨状以图片、文字、视频等方式流传开来，巨大的反差不断冲击网民视觉，瞬间引发了强烈的情绪。不少自媒体文章将拉姆塑造成一个“完美受害者”，称其是“360 度挑剔都找不到可以指摘的地方”女性，以此衬托嫌疑人唐某的“丧心病狂”。因此拉姆案件就像一个“触发器”，激起了舆论对一切家暴案件的愤怒和不平，包括对施暴者的谴责与痛斥、对被害人的同情与惋惜，以及对执法司法现状的质疑与不满，刺激舆情在短期之内火速升温。

2. 政府部门不作为加剧“下一个受害者”的群体恐慌

近年来，随着反家暴法的出台以及公众法治意识的提升，家暴案件频繁见诸网络爆料和媒体报道，而公众对执法机关作为的审视也日渐严格，人们希望在现有法律框架内，每一起家暴事件都能被当作家暴案件得到依法处理。但该案中，法律对受害人的保护机制如同“失灵”，舆论场由此掀起了对执法司法尺度以及男性执法司法人员的质疑和批判。首当其冲的就是公安机关，如拉姆曾多次向当地警方报警求助，但办案民警认为“属于家庭纠纷”并未真正处置唐某的家暴行为；又如，拉姆从未向法院申请人身保护令，但公安机关、妇联等作为知情者等也没有代为申请。受害人的“无助”与官方的“无为”形成鲜明对比，令愤怒的网民将质疑矛头对准当地公安和政府部门，对准了以“清官难断家务事”为借口的“和稀泥式”执法。在舆情深度发酵过程中，一些媒体和自媒体“晒出”大量的家暴案件数据，如24.7%的家庭存在家暴、近90%的家暴受害者为妇女、受害人平均遭受35次家暴才报警等，进一步加剧了网民“下一个受害者”的恐慌情绪，甚至有自媒体直白地喊出“我们每个人都是潜在受害者”。

3.“民间立法”呼声折射舆论对完善法律保护机制的期待

不同以往的家暴案件是，拉姆案件催生出专门规制、惩戒家庭暴力的“拉姆法案”。该“法案”内容涵盖离婚条件、人身保护、子女抚养等多个方面，一经“问世”就获得上亿次的阅读量和20万转发。对此现象需要一分为二地看待。网民在微博、QQ空间、知乎、微信朋友圈等各大社交媒体中接力转发，主流媒体加入讨论，提到的关于反家暴执法司法工作的合理化建议，折射出舆论对完善法律保护机制的诉求和期待。但更要警惕的是，在我国已经出台了反家暴专门法律的事实基础上，部分“女权大V”推出以受害人名字命名且带有浓厚英美法系色彩的法律草稿，将舆论关注焦点带偏。拉姆案件中，女性遭遇家暴后不报警不处理、报警后追究难等，属于执法方式和执法观念的问题，绝不是立法问题，更不是有了“拉姆法案”就能有效预防和避免的。此外，“法案”所谓的具体条款经不起逻辑推敲，缺乏现实条件，挑拨情绪的作用更为凸显。“我们需要‘拉姆法案’”的口号将责任引向法律制度层面，暗合了大多数人在责任归因时的惯常逻辑，因此更容易引发共鸣和认同。联系到部分极端女权主义者在政治立场和意识形态方面与美西方的暧昧不清，可以推断，“拉姆法案”

的突然出现，背后或有专门力量在推动炒作，其对我国主流社会价值观和公众法治信仰的影响不容忽视。

## 【应对建议】

家暴案件之所以引发网络舆情，一方面在于官方处置方式与公众感知产生错层，刺激公众敏感心理的是“暴”，即暴力伤害手段及后果，尤其是那些致人重伤、死亡的案例，而处置部门在处理相关事件时多侧重“家”的属性，即以“家务事”“家庭纠纷”为由不介入或轻处理，导致受害人权益受损；另一方面，反家暴法在落实中确实存在较多问题，为舆情发酵和升温提供了现实可能。因此，面对家暴这类高频舆情，政法机关既需要在整体上加强研究指导，细化法律法规制度、规范执法司法活动，也需要依法妥善处理突发个案，及时回应舆情，正面引导舆论。

### 1. 鼓励地方探索实施细则　完善配套保护机制

反家暴法规定了公安、法院、民政、司法等相关部门作为执行主体，自实施以来，专业舆论针对推诿、不作为现象，建议尽快研究制定反家庭暴力法实施办法、意见、细则、司法解释等。例如就拉姆案件中舆论讨论较多的如何规制前配偶关系中的家暴行为，需要法律更进一步的作为。实际上，在地方立法层面，吉林、山东、湖北、贵州、广东、陕西等地已经陆续出台了反家庭暴力的地方性法规，进一步明确了家暴范围、扩大了家暴保护对象、强化了公安机关职责、细化了首问责任制等，让法律落实更有可操作性、精细化，更有“准头”。如广东规定任何单位和个人对正在实施的家暴行为有权劝阻，这是首次在地方性法规中对家暴行为旁观者的报案权利作出明确规定；浙江义乌在全国首创涉家庭暴力人员婚姻登记可查询制度；陕西规定“家庭暴力不以是否造成实际损害结果为前提”，成为地方立法中的大亮点。各地立法工作获得良好的舆论反响，不但表明预防、避免家暴法律法规的“保护伞”在不断撑开、壮大，也可为上位法的完善提供实践经验。

2. 加强案例指导和执法培训　破除执法司法难题

在家暴热点事件引发的一系列讨论中，执法司法机关的所作所为总是舆论关注焦点，如认识不到位，将家暴问题当作家庭事务，在处理过程中缺乏专业的知识技巧，执法司法力度不够等，稍有不慎就被卷入舆情旋涡。以人身保护令为例，尽管从数据统计上来看，各地法院发出的人身保护令逐年增加，但放到更大的案件样本总数中，仍然占比过低。而在一些分析文章中，执法司法人员同样面临施暴者惩治震慑难、预防矫治难等较多处理困难。破解基层工作难题，还需要上级机关联合民政、妇联等部门，提供标准化的操作守则，加强案例指导工作，通过执法业务培训、精选典型案例等方式，推广经验、规范流程、提升质量。如 2017 年 3 月最高人民法院曾发布实施反家庭暴力法十大典型案例；湖北、黑龙江等地将反家庭暴力法纳入全省公安民警培训课程，就规范接处警、收集固定证据、及时救助保护受侵害妇女儿童等内容开展业务培训。这些举措为基层执法司法人员提供有益指导和参考。

3. 做好个案舆情应对　正面信息引导舆论

观察发现，近年来的家暴类热点舆情多在社交媒体上曝光，有些案例还有借势策划，将受害者的个人经历扩展到公共话题属性，以期引起更广泛的关注和讨论。舆情发酵路径和网络舆论心态的变化，给政法机关的舆情应对和舆论引导工作提出了更高要求。各地政法机关可从以下三方面加强工作：

一是及时表态介入，细节回应关切。个案曝光后，网民第一关心的就是公权力部门如何反应。因此公安机关作为调查处置的主体，需精准有效地发出权威“第一声”，通报公众关注的事实细节，抓住调控舆情的主动权。需要指出的是，全媒体时代，网络舆情的发酵时间大大缩短，公安机关如果不第一时间介入、发声，网民也会以点名“@”警方官微、私信留言等方式推着相关部门往前走，如果这种情况形成常态，执法司法公信力将受到侵蚀，不利于培育全社会的法治信仰。

二是增加情感引导，缓释社会焦虑。作为社会问题的家庭暴力，不可避免地会加重女性网民群体的焦虑，导致个案舆情中情绪传播比事实传播更快速。因此在引导过程中，增加情感关照也很重要，它能够有效遏制网络负面情绪叠加的速度和规模。比如，官方机构和媒体利用自身平台全面客观陈述事实，理性分析和讨论事件性质，及时弥补和纠正个案暴露出来的问题并主动公开，从各方面安抚公众的情绪，构建起共情效应。

三是加大正面宣传，对冲负面情绪。拉姆案发生后，部分自媒体和媒体引用数据和案例说明家暴问题的普遍性和严重性，但客观地说，反家暴法实施近 5 年来，所取得的亮眼成绩也不容抹杀，因此各地还需加大对正面案例和官方数据的宣传报道力度，消除社交媒体中官方数据与公众认知间的“信息差”。

（观察时间 2020 年 9 月 18 日至 2020 年 10 月 29 日）

8

# 山东方洋洋案研究

**编者按：**山东禹城23岁女子方洋洋因不孕被虐待致死，一审法院以虐待罪判处其丈夫和公婆3名被告人有期徒刑2年缓刑3年到3年不等。此案经媒体报道后掀起舆论热议，当地政法机关在执法、司法中暴露出来的问题备受质疑。面对高涨的舆情，当地两级法院先后发布通报称此案已发回重审，一定程度缓和了舆论情绪，但舆情走向仍充满不确定性。法制网舆情监测中心梳理这起案件的舆情脉络和舆论观点，提出3点建议，为各地政法机关处置类案舆情提供参考。

## 【舆情事件】

### 1. 法院判罚引发量刑过轻质疑

2020年11月16日17时许，《山东商报》以《23岁女子因不孕遭婆家虐待致死，施暴者悔罪给予从轻处罚　受害者家属认为量刑轻上诉》为标题报道称，自2018年7月以来，山东德州禹城市女子方洋洋因不能怀孕被丈夫公婆多次以饿肚子、木棍抽打、冬天屋外罚站等方式虐待，最终于2019年1月被虐待致死。2019年11月，山东省禹城市法院不公开审理本案。2020年1月，法院作出一审判决，认定被告人张某（方洋洋丈夫）、张某林和刘某英（方洋洋公婆）构成虐待罪，鉴于3人归案后均能如实供述犯罪事实，并自愿预交赔偿金5万元，从轻判处3人有期徒刑2年缓刑3年到3年不等。方某洋家属向德州中院提起上诉，目前该案已被发回重审。

11月17日稍早时分，中国网、环球网、上游新闻、澎湃新闻、封面新闻、红星新闻等多家媒体转载此事，并在标题中突出“（方洋洋）遭摧残长达半年，一审法院程序违法”“（被告人）三人共判 7 年，受害者 1 米 76 大个子最后瘦得只剩 60 斤”等内容，引发舆论广泛关注，网民不满虐待致人死亡最高获刑仅 3 年，质疑法院量刑过轻。

2. 媒体挖掘案件背景细节推热舆情

在媒体挖掘下，案件来龙去脉和更多细节得以曝光。综合澎湃新闻等 11 月 17 日报道，方洋洋母亲杨某有精神病，多年前被拐卖到山东嫁给方洋洋父亲，方父已于 2018 年去世；2016 年，方洋洋经人介绍嫁给张某，彩礼共计 13 万元左右，张家举债约 10 万元。婚后张家人发现方洋洋智力不正常且无法生育，多次向方家商讨离婚、退彩礼事宜未果，为发泄不满，张家人开始虐待方洋洋。方洋洋去世后，张家人称其是病死的，方家人发现尸体有伤坚持报警后案发。对于法院一审判决结果，方家代理律师、山东忆兴律师事务所律师张金武表示，判决存在很大问题，如未公开审理、此案应当同时构成故意伤害罪（致死）与虐待罪、原审认定的虐待致人死亡的量刑畸轻，目前案件开庭重审定于 11 月 19 日。方洋洋表哥谢树雷称曾就方洋洋的事情向禹城市张庄镇派出所报过案，但派出所表示两方是合法夫妻，不存在“软禁”的情况，仅可以从中调解。媒体报道令网民更加同情方洋洋，质疑当地政法机关执法不力、司法不公。

3. 官方接连回应难消舆论怒火

11 月 17 日起，当地官方机构陆续回应此事。当日下午，山东省妇联工作人员对媒体表示，此前妇联方面未收到相关求助，目前德州市妇联已责成禹城市妇联了解情况。当晚 23 时许，禹城市人民法院通过官方微博、微信同步通报称，案件已被发回重审，后续将严格依法公正重审此案，自觉接受社会监督。网民对此并不买账，质疑之声持续。

11 月 18 日，澎湃新闻推出报道称，该案代理律师张金武表示，因为协调了相关法医的时间，案件重审开庭时间延期暂定至 11 月 27 日。另据禹城市张庄镇派出所回应称，他们未接到过方洋洋被虐待相关警情，目前案件资料已交给禹城市公安局刑警大队，具体信息无法透露。

11 月 19 日 12 时许，德州中院发布情况通报称，本案不涉及国家秘密或个人隐私，原审不公开开庭审理违反法律规定诉讼程序，裁定撤销原判，发回重审。另据央广网等报道，德州中院负责人就再审延期一事作出解释，并表示法院拟于近日公开开庭审理该案；德州市妇联工作人员表示，目前市县妇联已派员到方洋洋家中慰问，为其提供尽可能的帮助。此后舆情热度短暂回落，舆论场仍以负面情绪为主，网民对当地政府部门和司法机关普遍存在不信任感。

4. 特殊节点扩展公共讨论空间

11 月 23 日，完美世界旗下资讯平台“全现在”App 发布文章《寂静的村庄：死于虐待，葬于阴婚》，其中提到，方洋洋生前曾试图自救，3 次偷打电话求送煤气师傅，称让其叔叔送部手机来；方洋洋死后，方家人抱走骨灰盒给她安排了“冥婚”，还收取了对方几千元（相当于彩礼）。该文章很快在舆论场刷屏。网民纷纷指责方洋洋家人“活着嫁出去不管不问，死了也要榨干最后一滴血”。“@ 侯虹斌”等微博“大 V”还在发起“# 女人的命也是命 #”等话题，舆论风向开始从个案层面转向女性权益保护、反对家庭暴力等公共议题层面。

11 月 25 日，恰逢“国际消除对妇女暴力日”，方洋洋案与女性保护话题的讨论交互缠绕，舆情热度小幅反弹。有网民发起“反家暴，不轻判，不纵容，呼吁禹城法院公正审判”的万人联署活动，引发大量网民支持。《南风窗》等媒体盘点了河南商丘女子不堪家暴跳楼致瘫、著名运动员张培萌“家暴”妻子等 2020 年以来的家暴案件，称“中国平均每 7.4 秒就有 1 位女性遭受丈夫家暴，仅 2.25% 的家暴受害女性向法院申请了人身安全保护令，仅 2 成家暴指控获法院确认”等，认为“在反家暴法出台后的第四年，一个社会反家暴系统仍未建立”。相关内容引起网民共鸣。

11 月 26 日，谢树雷向《潇湘晨报》透露，原定于 11 月 27 日的重审取消开庭，称“关于具体的开庭时间一直没有给消息，连律师也不能确定”，案件审理进展的变化再次令网民期待落空。

截至 11 月 26 日 12 时，全网与该案相关信息近 20 万条，新闻报道 1.8 万篇，微博讨论近 17 万条，“# 山东一女子因不孕遭婆家虐待致死 #”“# 女子因不孕被夫家虐待致死案重审 #”“# 不孕遭虐致死女子被安排阴婚 #”等多个微博话题累计阅读量超 50 亿。

【舆论观察】

针对该案，《人民日报》《光明日报》等重磅媒体多次发声，律师专家等对案件定罪量刑的合法性及审理程序违法纠偏、女性遭家暴后的权益保护等议题展开讨论，形成以下三方面话题：

1. 法院判罚遭遇实体与程序双重质疑

实体方面，一审法院的判决是引发舆论质疑的根本原因，多数舆论认为法院量刑畸轻。《光明日报》刊文追问：“一个鲜活的生命没有了，而施暴者甚至可能连监狱都不用进，这样的处罚结果，即使不懂法律，仅仅依照朴素的正义感，是否也过于轻飘飘？”网民批评“基层这种判罚是变相纵容犯罪”，呼吁向一审法官展开错案追责。还有自媒体文章讽刺该案“一条人命，两年刑期，三年缓刑，四万块钱”，对法院判决表示强烈不满。与此同时，案件的罪名认定也引起较大争议。根据媒体报道，代理律师张金武坚称本案罪名认定应该是故意伤害罪和虐待罪，此观点获得不少律师认同。还有律师认为，方洋洋的死亡结果应当认定为故意伤害罪的加重结果，法院应当以故意伤害罪（致死）作出判决，并在 10 年以上进行量刑。

程序方面，方洋洋家属的代理律师认为原审程序违法，一是法院没有允许被害人母亲的法定代理人参加庭审，二是该案件不涉及个人隐私和国家机密，但法院却未公开审理。这两点内容引起部分舆论关注，批评声量在德州中院宣布发回重审时达到最高。

2. 探讨反家暴法的法律适用及完善

方洋洋被夫家虐待致死，已经触及我国反家庭暴力法里“家暴”的红线。舆论就此反思为何该法在本案中未能起到保护作用。《新京报》等文章认为，方洋洋所在的村基层组织并没有摸排掌握其家庭情况给予关照，当地妇联等组织对这个纠纷重重的家庭并不掌握情况，也没有发现家庭暴力的痕迹，公安机关收到过报案却以“合法夫妻”为由没有受理，令方洋洋的悲剧几乎形成了一个闭环。有自媒体文章进一步指出，本案可以看到反家暴法两点不足：一是公权力的介入永远是被动的，只要家暴的受害者自己不主动站出来维权，公权就不可能有机会介入家暴；二是法律没有设计社会对家暴的介入机制。

对此，媒体建议要进一步激活反家暴法的效力，用硬约束为受害女性筑起人身保护防火墙。具体来说，首先要增加受害人救济渠道，《法治周末》认为，可参考最新修订的未成年人保护法，设置家庭暴力的强制报告制度，国家机关、村居委会工作人员在工作中如发现妇女等遭受家庭暴力的，应立即向公安、民政等相关部门报告，并设立相应的法律责任。其次要加大干预力度，汕头大学妇女研究中心顾问、原“反对家庭暴力网络”组织负责人冯媛表示，家庭暴力的干预和调解工作不应局限在公安和司法机构手中，如今妇联和残联部门都覆盖到村庄，基层组织也要对一些有重大风险的、弱势的人群给予关注、排查和访问，如发现其有被家暴可能，应及时向公安机关报备。最后，家暴受害者要提升自我保护意识。北京千千律师事务所律师吕孝权建议，受害人可有策略、有技巧地取证，形成时间和空间上相对完整的证据链条，证明施暴人的暴力行为，也要及时寻求公安机关、司法机关及妇联、公益组织的帮助。

3. 深度解读方洋洋悲剧的社会根源

部分自媒体对方洋洋案予以高度关注，用“生于拐卖，死于虐待，葬于阴婚，她的一生不属于自己”“一个农村底层女性的悲剧”等描述总结其一生，在推高舆情热度的同时也不断扩大讨论范围。这些讨论内容引起了主流媒体的关注，部分媒体深刻分析了在经济不发达的农村地区，家暴案件背后更深层次的成因，形成以下观点：一是农村婚姻制度中性别不平等、女性被“物化”等观念根深蒂固。《农民日报》等文章称，方洋洋的案例凸显了农村残障女性婚姻中的交易性质，即残障女性需要通过生育能力来获得生活资源，同时往往还需要借此尽到自己作为子女的责任——彩礼通常被交给原生家庭。既然婚姻是基于生育的交易，不孕对于出嫁女而言就是个致命缺陷，这使得她们在婆家看来不再具有价值，直接导致她们遭遇家庭暴力。二是“家暴是家务事”的错误思想在农村仍然很有市场。微信公众号“侠客岛”文章认为，囿于传统观念，不少人仍将家庭视作“法外之地”，特别是在偏远落后的农村，家暴作为家庭内部的犯罪事实往往在有意无意间被忽视。对此，四川在线等媒体呼吁，提升乡村女性地位，消除“阴婚”等陋习，需要乡村社会方方面面的变革，尤其是女性教育水平的提升，法治知识的普及和法治观念的培育等。

【舆情建议】

反家暴法这一专门法律出台后，越来越多政法机关介入家暴案件处置，但执法司法效果各有不同，如本案因判决结果引发舆情风波的情形也不少见。梳理总结本案有关的舆论关切点和争议点，对各地政法机关应对类案具有较多启发意义。法制网舆情监测中心以舆情处置“三同步”原则为指导思想，提出三点建议，以供参考。

1. 案件依法依规办理是舆情处置基础

方洋洋案中，3 名被告人主观恶性大、施暴时间长、犯罪手段恶劣，理应受到法律严惩，但一审法院却以主动坦白和积极赔偿为由作出从轻判决，严重背离公众朴素情感认知，引出量刑畸轻的质疑。另外，德州中院虽已将案件发回重审，但发回重审原因是“诉讼程序违法”而非“法律适用错误”，这意味着即使启动重审，案件的定罪量刑等实体问题可能不会被纠正。在观望、猜测、担忧等情绪影响下，舆论必然会盯紧审理法院每一步动向，对案件审理情况全程关注。德州中院作为上级单位，还需要加强对下级法院的业务指导，认真核实证据、夯实事件细节，以舆情促实情。需注意的是，在司法实践中，个别法院出于节省司法资源、降低上诉率等考虑，机械适用认罪认罚从宽制度，造成被告人罪刑责严重不相适应，从而引发网络舆情。各地法院还需吸取教训，审慎适用司法制度，特别是面对家暴这类具有情感共鸣度强、民愤较大的案件，需从案件性质、犯罪后果、社会危害性等多方面综合考量，作出合情、合理、合法的判决。

2. 积极引导舆论保证舆情平稳过渡

回看舆情发展脉络，当地政法机关在舆情发生后多次通过官微、媒体等回应舆论，但引导效果一般。这说明，当地政法机关从舆情爆发之时就较被动，后续也没能很好夺回引导主动权。首先在公安方面，方洋洋亲属曾就其被家暴一事向当地派出所报案，警方回应称“家务事”引发网民对执法机关“不作为”的质疑；舆情发生后，该派出所否认接到虐待警情，前后说法不一，导致执法公信力一降再降。法院方面，自舆情爆发后，法院何时开庭就备受公众关注。原告方的代理律师先后对媒体提到了两个重审日期，但都被法院否认。案件审理一再延后，而当地两级法院也没有就开庭时间给出公开的明确说明，令网民心生不满，认为法院是在消耗公众对案件的关注度，缺乏积极面对舆论的诚意。面对个案舆情发酵过程中不断累积的负面情绪，涉事的政法机关除了加速实体工作外，还需制定全方位的舆论引导方案，积极回应舆论关切，做好信息公开、普法释法等分内工作，保证舆情平稳过渡。

3. 构建政府主导、全社会参与的反家暴社会治理机制

近年来，舆论对治理家暴案件已有普遍共识，即反家暴是一项系统工程，需要建立政府主导下的多机构联动协助干预机制，形成社会力量广泛参与的合力。但方洋洋自救失败，外部力量（如邻居、村委会、妇联、残联、派出所等）的集体缺席等残酷现实，促使舆论开始重点关注农村地区的家暴防治问题。目前，农村社区社会支持和社会干预都极其匮乏，仍然有较多法律触及不到的“隐秘角落”；性别歧视、传宗接代等传统观念仍

然很深，都令反家暴工作的开展困难重重。要想有效预防和制止农村地区家暴、虐待等家庭内部犯罪，还需将功夫用在平时，坚持制度托底、提前预防、源头保护。政府各级部门可重点关注治理辖区内信息相对闭塞、地理位置偏远的目标潜在受害群体，通过投入技术与资源、加强法治教育培训宣传等方式普及法律常识，同时鼓励其他社会机构积极参与到反家暴工作中来，形成反对暴力、震慑犯罪的高压氛围。政法机关要加大司法保护和惩戒力度，依法适用人身保护令制度，对违法犯罪人员依法依规追责，全面构筑保护妇女合法权益防护网，维护社会和谐安全。

（观察时间截至 2020 年 11 月 26 日）

# 9

# 张桂梅事件传播分析

近日，被舆论冠以“燃灯校长”“传奇人物”的云南省丽江华坪女子高级中学校长张桂梅一次次登上微博热搜榜，与其曾创造“华坪女高高考本科上线率超94%”的“教育神话”及迎来无数赞誉不同，此番张桂梅走红网络自始至终充满争议。官方媒体、微博“大V”纷纷参与讨论，助推相关话题持续高热。

## 一、一则采访视频激起两轮舆情

这次网络争议缘起于凤凰网栏目对张桂梅的采访。2020年10月20日，“@舍得智慧人物”在微博平台推出采访视频，意在通过对话，介绍张桂梅如何用生命坚守、点亮大山女孩改写人生的希望之光。然而，视频一经发出，便激起舆论质疑。

第一轮舆情围绕张桂梅的“人设”展开。“@舍得智慧人物”在发布视频时，主持创建了“#张桂梅中国特蕾莎#”微博话题，视频开头也配有“中国特蕾莎　燃灯校长张桂梅”字样。此视频引发网民称赞张桂梅“伟大”“无私”的同时，也被质疑给中国人物贴西方标签是“媚俗”表现。微博“大V”“@风息神泪”批评媒体这种“荣誉抢夺法”，称其内核就是“夸奖一个有色人种的方式是称之像一个白人”。10月21日，“@共青团中央”创建微博话题“#张桂梅不是中国特蕾莎#”，发布此前张桂梅接受央视新闻采访的视频及“有我们党员在，扶贫的阵地不会丢”言论，用张桂梅的中国共产党员身份驳斥“西方道德标杆论”。“@习五一”等微博“大V”亦参与转发，舆情热度于当日出现波峰。“@观察者网”添加“#张桂梅是一名优秀的中国共产党党员#”话题，连发多篇微博抵制“中国版特蕾莎”标签。观察者网风闻社区还发文表示，特蕾莎是一个争议人物，其宗教观点以及创建的仁爱传教修女会被指控贩卖婴儿，饱受舆论诟病。网民相继跟评，认为“中国特蕾莎”表述极易引发不适。随后栏目组修改了视频内容并删除微博话题。

第二轮舆情主题与张桂梅的“价值观”有关。10 月 25 日，“@ 凤凰卫视胡玲”发布一段张桂梅谈论拒绝身为全职太太的女学生捐款的视频，再度点燃舆论场。胡玲发起微博话题“# 张桂梅校长反对当全职太太 #”，询问网民是否同意张桂梅“女人要靠自己，不能就靠男人”的观点，掀起了关于“全职太太 VS 职业女性”的激烈争议，微博话题热度迅速破亿。微博、知乎等平台纷纷发起投票，吸引各类人士发表意见。不少网民认为全职太太是对教育资源的一种浪费，但也有网民认为这是个人选择，女性应该被尊重，不该被过度苛责。其间更不乏女权人士与反女权人士的言语“互怼”。对此，新华网刊文指出，张桂梅“反对当全职太太”，是以师者身份，向学生和社会传递“独立、自强、奋斗”的正向价值观，是她对学生严苛要求的良苦用心，其言语对象是自己的学生，而非大众。红网、观察者网也表示，评论者撇开乡村教育这个具体背景，实际上偏离了真实的语境和问题，带偏了节奏和方向。

## 二、热搜背后的多元价值观交锋

在价值观多元化的今天，基于开放、匿名、即时、交互等特征的互联网，成为不同价值观正面交流、交锋的平台。每一起社会事件引发的公共讨论，也常常隐藏着各种价值观的争论和意识形态的争夺。有舆论指出，关于“中国版特蕾莎”的争论，大众对西方标签的反感，更多是源于不满有些叙事者丧失中国视角，只能通过外国人的评价体系看中国。对于如何定义“英雄”和“伟大”，无须牵扯中西方，中国应该有自己的话语体系和价值导向，拥有中国自信和党员信仰。

针对全职太太的争论，则显得更为复杂和多元，充斥着女权人士和反女权人士的观点交锋，更有掌握优势话语权的“意见领袖”的议程设置和话题抢夺。该话题讨论从一开始就偏离了原有的教育扶贫方向，走向了女性价值和自由的争论。“@ 凤凰卫视胡玲”发布的截取视频，直接将舆论焦点转向张桂梅反对当全职太太的单一意思层面，成为舆情爆发的导火索。在此影响下，一直为女权奔走呐喊的网民顺势力挺，借张桂梅的热度表达自身观点，甚至延伸张桂梅的意思表述。如“@ 妇女能顶半边天 robot”“@ 敏大是一只柯基”等粉丝过万的微博账号，呼吁社会给予女性更多的教育、就业等权利，并重点表达了对“女性回家论”的愤慨和不满，吸引大量网民转评。同时，一些反女权人士或者具有全职太太身份的网民，则抨击张桂梅是“极端女权”“田园女权”，认为其不尊重女性自己的选择，未考虑女性的职场压力，未认可全职太太的家庭付出。

随着这种夹带热点人物的观点论争愈加激烈且走向极端，更多媒体和微博“大 V”加入讨论，批评原发媒体片面报道，缺乏媒介素养，引导舆论回归理性和问题本身。一方面，红网、观察者网等媒体引导公众重塑对张桂梅言论的认识，呼吁关注乡村女性教育、扶贫问题；另一方面，“@Colosse”等微博“大 V”聚焦女性价值、权益，呼吁理性谈论男女平权。《新京报》、南方 PLUS、“侠客岛”进一步呼吁，全职太太应被“去道德化”“去有色眼镜”看待，认为“当全职太太不被污名化和刻板化，才能开始讨论男女平权的问题”。

## 三、女性话题“破圈”背后的社会心理诉求

自采访视频发出至今，张桂梅事件一波三折，热议不断，但次次讨论均偏离乡村教育、大山女孩生存现状的基本事实。其中，公众对全职太太的讨论不仅将事件热度推向顶峰，还让“女性是否该回家”发酵成公共话题。网民在各类“意见领袖”的引导下，或抱怨女性的就业问题、或诉说全职太太的不易、或希望女性有选择的自由。然而，在言语不断交锋的过程中，圈层化限制了网民的眼界和判断，舆论很难达成共识。

值得注意的是，这些言论表面看似不同，甚至针锋相对，实则背后诉求全部指向女性价值不被认可和尊重这一现实问题，折射女性对生存现状的焦虑和无奈。也正是此类直戳女性痛点的表达，让相关话题得到不断的衍生扩散，更有“@卢诗翰”等微博“大 V”聚焦经济发展和生育政策谈问题，认为女性如今面临的问题，是教育过度市场化引发的关联问题，学校服务时间减少和家长投入养育时间增多，导致了女性压力增加，应呼吁加强教育公有化，增加学校服务时间。

回顾整个事件发酵历程和舆论关注，可以看到，对张桂梅生平事迹缺乏了解尤其对贫困山区女性教育问题缺乏深刻认知的人，站在抽象化、概念化、标签化的层面，对其言论断章取义，导致舆论失焦贯穿全程。一些观点看似是价值层面的争端，实际上却脱离了具体语境，忽视了真正的问题。从舆情层面来说，这类热点事件并没有明确的责任主体和回应单位，因此很难在舆论场上看到官方机构发声。但从更宏观的网络舆论生态环境来看，此类由公共话题引发的“大讨论”将继续存在，在公共话题传播的过程中，冲击和弱化主流价值观的杂音、噪音也将更加常见，权威媒体、官方机构不能失声、失语，更不能失踪，要主动发现问题，驳斥网络上不合情理、不合事实的甚至是歪曲事实的错误言论，用正确的政治方向、价值取向、舆论导向守住网络舆论阵地，引领和构建健康和谐的舆论环境。

（观察时间截至 2020 年 11 月 5 日）

10

# 北京便衣民警闪现地铁抓猥亵者 舆论盛赞“天降正义”

【舆情综述】

2020年8月26日10时许，新浪微博网民“@吴未达”发文称，其于25日在北京地铁上遇到“咸猪手”，就在该网民以为猥亵男子要顺利逃脱之际，有便衣民警挤到其身边，表明身份，并且询问是否报警。在得到肯定回答后，便衣民警将猥亵男子当场抓住。在派出所做笔录期间，民警对该网民照顾有加，还贴心地为其开具迟到证明。26日早上，该网民向民警询问猥亵男子的处理结果，得知猥亵男子已被处以行政拘留10日处罚。该微博曝光后引发网民关注，不少网民表示“看完后通体舒畅，效果堪比看了十篇爽文”；也有网民感叹该女子很幸运，遇到了便衣民警，并且称赞北京警察“好样的”；还有网民在评论区分享了北京便衣民警抓猥亵者的亲身经历。截至9月3日12时，该微博被转发4.8万次，获赞20.4万次。

8月27日，北京市公安局官方微博“@平安北京”转发“@吴未达”的微博，并评论道:“公交总队猎狼一直在行动，点赞勇敢指证的姑娘们。不要担心上班迟到，民警给你开证明！”随后，北京市公安局公共交通安全保卫局官方微博“@北京公交警方”转发评论称:“姑娘们请放心，猎人一直在！”舆论纷纷点赞北京警方，评论称这是“正道的光”“天降正义”。另据媒体报道，从2017年起，北京公交总队就成立了“猎狼小组”，“猎狼小组”民警会主动出击，暗中蹲守，对色狼露头即打。对此，《光明日报》评论文章指出，由于民警的存在和介入，消除了受害女性的疑虑，勇敢站出来指证，这位女性也实现了意识和行为的“转变”，这种变化是正面积极的，且是可以进行复制的；《新京报》评论呼吁“各地都能像北京警方这样，用主动出击、依法打击，为民众的安全保驾护航”。北京便衣民警抓猥亵男一事走红网络后，上海、南京相继曝出便衣民警制伏猥亵男的新闻，一时间舆论场中充满赞美声音。

【舆情点评】

此事因具有“现实版爽文”属性而走红网络，舆论的爽点在于民警及时出现改写了猥亵事件中常见的结局。日常生活中，许多遭遇了猥亵的女性或因取证难无法指认，或因怕报复不敢指认，最终只能忍气吞声。而此次事件中北京便衣民警闪现抓人，伸张了正义，让猥亵者受到了惩罚，给受害者出了口恶气，由此延伸出的“摸人一把拘留十日”的宣传语，也有力震慑了猥亵者。

面对舆论盛赞，北京警方反应迅速，官微“@ 平安北京”积极与当事人进行微博互动，为猎狼行动“代言”，鼓励更多女性勇敢指证；线下接受媒体采访，介绍北京公交总队“猎狼小组”的成果，同时再次呼吁乘客要勇敢呼喊并积极寻求帮助。线上线下的联动不但增强了宣传效果，让网民好感不断攀升；还进一步普及了遭遇猥亵后如何求救、如何维权，放大了个案的普法效果。

随后，上海、南京曝出相似事件，接连而来的热门话题将便衣民警推到舆论场中心，形成显著的共振效果。媒体深入报道将便衣民警背后的秘密揭开，所谓的民警闪现，其实是准备已久。早在 2013 年，上海警方就启动了打击侵害女性违法行为的专项行动；北京公安的“猎狼小组”也成立 3 年多，并持续开展专项行动。可以说，舆论之所以被便衣民警的事迹所感动，不仅因为他们在群众遇到危险的时候像英雄一样及时出现，更重要的是公众感受到了人民警察默默守护人民群众安全的用心。这些成功事例有力地表明，政法机关只有把政法工作做到位，让人民群众感到满意，才能赢得舆论的称赞。毕竟，人民群众发自内心的赞美就是最好的宣传。

（观察时间 2020 年 8 月 26 日至 2020 年 9 月 3 日）

11

# 深圳餐厅“下药”事件发酵 检方回应“存疑不捕”

【舆情综述】

2020 年 7 月 10 日，深圳女子朱某在微信朋友圈自称，7 月 4 日，其在深圳某自助餐厅内被熟人赵某在水杯里“下药”，店员发现后及时将杯子收走并拍照存证。事后朱某报警，赵某辩称“药物用于缓解性冷淡，出于猎奇心理，想看看女生反应”。次日，该事件在微博发酵，澎湃新闻等媒体连线事发餐厅店员及朱某，此后舆情热度不断走高，要求严惩赵某的声音充斥舆论场。7 月 15 日，深圳市公安局福田分局官方微信通报称，赵某因涉嫌强奸被刑事拘留。舆论称赞警方不以“强奸未遂”而不惩，体现法治力道；《光明日报》评论称，性侵类犯罪大多数是针对熟人作案，查实此案具有“杀一儆百”的威慑效应。

7 月 30 日，该事件再起波澜。当日 12 时许，当事女子发微博称，其于 29 日被告知检方对案件作出存疑不捕的决定，将由公安机关进行补充侦查，其表示“会继续坚持下去”。据澎湃新闻报道，14 时 40 分许，福田区检察院一位工作人员回应确认该决定，并称“具体信息由警方发公告”。该回应引发网民质疑检方不作为，多数网民追问赵某本人已承认，有监控视频、店员证言为证，为何“存疑”？还有网民指出，检方若因未造成严重后果不追究赵某责任，容易形成不良社会示范。

7 月 30 日晚 19 时 40 分许，福田区检察院通过官方微信发文解释称，“下药”水杯被清洗致关键证据灭失、涉案药物所含“他达那非”成分未证实会使人失去意识、现有证据难以认定嫌疑人有主观故意等，并称“案件尚未终结，侦查机关可以继续侦查，取得新的证据后，可以再次提请检察机关批准逮捕”。通报发布后，主流舆论表示肯定。如《光明日报》称，在舆论皆曰可捕的情况下，检方需要的不仅是法律根据，更要有直面舆论的自信；法律人士亦发声肯定检方决定合法审慎，指出仅凭证人证言、书证等间接证据，难以满足罪名构成条件。仍有部分舆论不认可检方做法，还有评论认为，检方不批捕理由不可以公开，否则会影响侦查机关工作。8 月 3 日，朱某再次回应称，其认可检方工作，但是难以接受涉事男子的说法，目前坚持诉求警方继续补充侦查。“# 深圳遭下药女子再回应 #”话题阅读量超过 3 亿，部分网民表示支持当事女生继续维权。截至 8 月 6 日 12 时，相关报道 3805 篇；微博 8.8 万余条，微博话题累计阅读量超 32 亿；微信文章 4295 篇。

【舆情点评】

此事件之所以引发舆论强烈关注，是因为约会吃饭是极其常见和普遍的社交方式，加之性侵案熟人作案的多发性，增加了公众作为“潜在受害者”的恐慌感。出于防范未知风险的考虑，公众希望严惩此类行为起到震慑作用。在舆论鼎沸、社会评价趋于一致的情况下，检方工作人员仅告知“存疑不捕”的结论，缺乏必要解释，难免引起误解，造成民意不满。一些不熟悉司法程序的群众，更将此结论当作最后处置结果，指责检方纵容犯罪。舆情反弹后，当地检方通过官方渠道阐释存疑不捕的原因，申明“可以继续侦查”的司法程序，既平复了舆论不满，又展示了“不枉不纵”法律原则。媒体、专业人士等各方声音从司法原则、社会效应、专业素养等方面对当地检方决定予以认可。

检方前后两次回应但舆论反响截然不同，提示政法机关回复舆论关切时，需在尊重法律和事实的基础上，以充分事实证据调和公众朴素情感与司法公正的差异。当前，舆论对检方工作仍有异议，当事女子坚持诉求警方补充侦查，舆情应对压力将会转移至警方。正如舆论建议，当地警方可从查明药物来源等方面补全证据，谨防案件“不了了之”衍生舆情。

（观察时间：2020 年 7 月 10 日至 2020 年 8 月 6 日）

12

# 热门普法案例被指编造 普法宣传如何规避风险

【舆情综述】

2020年9月5日，“@中国普法”发布一则以案普法的微博称，一对靠低保生活的夫妻生完二胎2年后，因为身体和经济情况无法抚养，于是便想让自己22岁的大女儿丽丽来抚养，但遭到后者强烈反对。最终，夫妻俩将丽丽告上法庭，法院判决父母胜诉。这一案例经过多家媒体及自媒体加工转载后，于9月8日开始引发舆论关注。“父母生而不养”“姐姐被迫‘扶弟’”“父母起诉女儿”等关键内容刺痛网民神经，大量网民跟帖留言追问“姐姐凭什么要抚养”，认为“父母不负责”并由此同情这位姐姐。在微博的一项网民投票中，有超过85%的网民认为这一判决难以接受。一些法律人士就此进行解读，认为法院判决没有问题，民法典规定了家庭成员间有扶养义务。与此同时，一些网民还对如此离奇的案例是否属实产生怀疑，猜测案例系编造。话题“#父母起诉22岁女儿拒养2岁弟弟胜诉#”很快登上当日微博热搜榜前列。

9月9日，就在舆情热度持续升高之际，红星新闻、封面新闻相继刊发报道进行查证，舆情随后出现反转。其中，红星新闻的报道称，该案例源自广州电视台的一档视频普法栏目“说法”，此栏目是广州市司法局开展法治宣传教育的重要宣传阵地。参与节目录制的律师杨满玉表示，案例是由编导提供，她们只是根据案件简介进行解读。广州市司法局回应称，提供给编导的案例未核实真实性，需要记者去找相关发布平台核实。随后，红星新闻记者搜索后发现，目前这一案例最早来源是2019年11月由一家母婴自媒体发布的文章，而且存在多种版本。封面新闻报道则指出，此案例在引发舆论争议后，“@ 中国普法”已经删除所发微博，发布上述节目的电视台栏目公众号和短视频平台也已删除相关内容。网民群体从事发初期的不理解、质疑转向对自媒体发布“假新闻”的愤怒和追问。截至 9 月 17 日 12 时，相关新闻报道达 1082 篇，微博 10.2 万条，微博话题累计阅读量 6.5 亿，微信公众号文章 1400 余篇。

【舆情点评】

这起事件是一起典型的反转舆情，其核心事实是自媒体借助生育这一当下公众最为关注的话题，杜撰一则虚假案例，经过媒体及自媒体的多次传播后发酵成为网络舆情事件。其中，广州市司法局普法栏目“说法”以及“@ 中国普法”的解读传播，使得该案例的影响力被快速扩大，令舆论下意识地相信案例的真实性，进而为案例中的法律责任认定“吵翻了天”。面对该案例引发的激烈争议和舆情失焦趋势，广州市司法局和“@ 中国普法”有必要在及时查清问题的基础上，对外表明直面错误并积极改正的态度，以廓清舆论场。但遗憾的是，广州市司法局仅向媒体承认未核实案例真实性，“@ 中国普法”悄然删除所发微博，此后舆情热度虽然回落，然而从这种方式应对无益于真正有效地平息网络风波，如果出现类似舆情，该事件必然会被网民翻出，造成更加深刻的负面印象。

对于政法机关而言，如何避免在普法宣传过程中酿成负面舆情，是此次事件中不可忽视的教训。自 1986 年起，我国开展面向全民的普法宣传教育，目前正在实施第七个五年普法规划。在全面依法治国的背景下，普法宣传对于公众法治素养的形成起着愈加明显的作用。因此，参与普法宣传的政法机关，一方面，需加强对普法素材、案例的编辑审核工作，如果案例是虚构或来源不清的，应该在明显位置予以说明，以免引起不必要的误解或被恶意加工；另一方面，进行普法宣传的政法机关，还需要加强所属“两微一端”运营人员的业务水平和舆情素质培训，提高舆情风险意识，降低因官方发布引发不良社会反响的可能性。

（观察时间截至 2020 年 9 月 17 日）

13

# 重庆城管追打女店主后被砍伤 警方认定正当防卫获认可

【舆情综述】

2020年9月7日，一则重庆城管与商贩冲突的视频在网络流传。视频显示，重庆市南岸区涂山镇城管大队1名队员在执法过程中，与商贩激烈冲突扭打在一起，城管在追打女店主时被后者拿刀砍伤。随后，涉事女子被警方带走。有目击者称，当天上午系执法队员整治占道经营，双方发生冲突。事发后，有少数网民在微博跟帖表示，女店主应属正当防卫。9月8日，《新京报》报道称，涉事店主的丈夫称，妻子因头部受伤，目前在医院治疗。

9月9日，《潇湘晨报》、纵向新闻等媒体曝光了此次冲突的更多细节，报道称城管先开始动手打人，女店主表示自己当场被打蒙，慌乱中拿起了刀而不自知。封面新闻报道显示，女店主被诊断为轻型颅脑损伤，她表示事发后家庭处在崩溃边缘，目前已同意社区进行调解。上述细节令舆论开始倾向同情女店主。有律师表示，结合案发视频和女店主的陈述来看，城管的行为构成了不法侵害，女店主是正当防卫。大量网民也认可这种观点，希望警方能够公正处理。

在舆情持续发酵之际，9月13日下午，重庆市南岸区公安分局发布调查结论称，经公安机关全面调查，城管队员杨某桥行为构成殴打他人被行拘，女店主被追打中挥刀致城管受伤的行为系正当防卫。同时，女店主行为构成阻碍执行职务，被警方予以警告处罚。对此结果，当事人女店主表示“公平公正，可以接受”。“#重庆通报城管追打商贩被砍伤案#”等多个微博话题登上微博热搜榜，舆论普遍表示认可。新华网、央视新闻、“@侠客岛”、

“@中国新闻周刊”等积极转发警方通报，加速了事件影响力的扩散。多家媒体相继刊发评论文章，如《法治日报》指出，“文明执法是职业底线更是法律红线”;《北京青年报》评论认为，该案具有典型意义，给一线执法者敲响了警钟;《九江日报》也表示，该事件的处理是在倒逼城管执法规范化。此后，舆情逐步趋缓。截至 9 月 17 日 12 时，该事件相关新闻量 1497 篇，相关微博 3.7 万条，微博话题累计阅读量 2.6 亿，微信公众号文章 5000 余篇。

【舆情点评】

近年来，舆论对涉及正当防卫的案件关注度较之以往有明显提升。在此背景下，舆论一方面希望有关部门能出台相关司法解释和指导意见，让正当防卫从文字层面走向司法实践层面，另一方面也期待通过现实案例的及时普法，让更多公众认识和理解正当防卫制度。早前，最高人民法院、最高人民检察院和公安部出台《关于依法适用正当防卫制度的指导意见》，对正当防卫的成立条件作出细化规定，引发舆论聚焦，也使得政法机关对此类案件的处置更易受到舆论审视。

此次重庆警方对“小贩砍伤城管”事件的处置获得了不错的舆论效果，因此也被舆论赋予了更多的普法效果和典型意义。从整个实体处置和舆论引导来看，首先，重庆警方及时作出处理，从实体上实现了闭环管理。事发一周内，重庆警方即依法依规作出处理，避免了以往一些地方政法机关在处理涉暴力执法类案时久拖不决的“烂尾”局面。其次，在此事件中，虽然涉事女店主和城管均有过错，但舆论已对城管群体形成刻板印象，面对难题，重庆警方理性剥离“身份”因素，回归到事实和法律标准这一关键，充分体现了捍卫民众防卫权的诚意和力度。随着正当防卫新规进一步落地实施，各地政法机关需要认真细致领会文件要求和精神，严格按照指导意见的标准和要求办案。此外可参考此次经验，在对外通报时详细解释官方的处置过程和依据，不断提升司法公信力。

（观察时间 2020 年 9 月 7 日至 2020 年 9 月 17 日）

14

# 广东虚假亲子鉴定事件引爆舆论 官方“三步走”平息质疑

【舆情综述】

2020年9月11日10时许，《新京报》以“买来的‘亲生关系’：花3万多，孩子被鉴定为‘亲生’”为题，首发曝光了广东华医大司法鉴定中心涉嫌虚假鉴定事件。报道称，有“司法黄牛”为非法领养者代办亲子鉴定，帮领养的婴儿落户，甚至可通过调换血样伪造出全国多地的亲子鉴定书，收取少则8000元、多则数万元的费用，这些伪造的司法文书已经成为非法领养甚至是拐卖儿童“洗白”身份的秘密手段。此事一经曝光立即震动舆论，网民怒批“鉴假机构成为造假机构，太讽刺了”“法律最后一道公正的屏障已失守”。

9月11日下午，涉事鉴定机构公开回应称已开展自查，未获舆论认可。当晚21时许，广州市司法局官网发布情况通报，表示“高度重视此事，已依法依规启动调查程序”。部分网民呼吁查清“送往鉴定中心的虚假血样从何而来”“不符合流程的鉴定材料是如何进入该鉴定中心的”等关键细节。9月15日晚，广州市司法局就此事再次通报称，广东华医大司法鉴定中心违反司法鉴定程序，已责令其停止受理司法鉴定业务接受调查，并将发现的涉嫌犯罪的线索和证据材料移送公安机关处理。

对此恶劣事件，主流舆论以批判为主。《光明日报》、澎湃新闻等媒体撰文呼吁将涉事机构永久逐出司法鉴定行业，清除害群之马；《北京青年报》建议监管部门切实负起责任，倒逼鉴定机构以及相关当事人看清法律红线，增强自律意识，恪守鉴定规则。部分舆论关注此事背后的违法乱象，《潇湘晨报》指出，“司法黄牛”并非单独作案，与全国其他省份相关机构存在“业务合作”，如其为贩婴者提供虚假鉴定，或存在更为恶劣的产业链；法学专业人士认为，司法鉴定中心如果明知他人拐卖儿童依然为其出具虚假亲子鉴定，将成立拐卖儿童罪（共犯）。9月18日，广东省、广州市两级司法行政机关组织召开司法鉴定行业教育整顿专项工作会议，广州将对司法鉴定行业进行为期3个月的教育整顿工作，重点对亲子鉴定业务进行专项检查。目前，相关舆情已经平息。

【舆情点评】

司法鉴定是决定证物能否成为证据的关键，亲子鉴定更是关乎家庭、伦理、血缘等人伦问题，其重要性毋庸置疑。但如此神圣的工作却被“黄牛”做成可以任意而为的“生意”，严重冲击社会伦理道德、挑战法律底线，因此事件一经曝光就火速引爆舆情。广州市司法局应对舆情的系列举措比较到位：先是反应迅速，在舆情曝光当日即启动调查并作出通报，回应社会关切；舆情发酵4日后，通过二次回应告知公众处理结果，彰显依法严惩的态度；最后，开展专门的教育整顿专项工作，以“打补丁”方式强力封堵工作漏洞。从实体工作到舆情工作再回到实体工作，“三步走”策略效果明显，有效地缓解了舆情危机。

不过，对于此类虚假亲子鉴定案件数量多少、涉及多少家庭，该鉴定机构是“司法黄牛”的同谋还是毫不知情的共犯等细节问题，广州市司法局并未作出回答，留下较多舆论追问。该案例还为司法鉴定机构的管理提供了重要的整治切口。据媒体报道，此类虚假亲子鉴定在全国范围内并非孤例，但是司法鉴定机构为违法犯罪行为作“帮凶”的现象是否普遍存在，亟待各地有关部门深入调查。此前，司法部已出台了《关于规范司法鉴定机构开展亲子鉴定业务有关工作的通知》，2020年9月又出台多项关于司法鉴定的规范性文件。各地司法行政主管单位需以问题为导向，以各项法律法规为依据，全面提升司法鉴定管理制度化、规范化水平，以舆情工作促进实体工作的完善。

（观察时间2020年9月11日至2020年9月24日）

15

# 北京“男子别车泼咖啡案”宣判 处置部门有序引导

## 【舆情综述】

2020年9月21日，微博“大V”“@火龙果说车”发布一则行车记录仪视频引发热议。视频显示，当日8时53分左右，在北京朝阳区安定路某路段，一黑色车辆在行驶过程中频繁踩刹车别车，并将深色饮料泼向后方白车的挡风玻璃。该微博经“@北京人不知道的北京事儿”等微博“大V”带动下，转发量迅速破万。博主还点名“@平安北京”“@北京交警”等政务微博，随后“@北京交警”留言问询完整视频和联系方式。舆论齐声谴责涉事车主的危险行为，有网民扒出此人曾因强行超车被举报，致使网络上的批评声更加激烈。晚间，涉事车主苏某发布道歉信，对此网民并不买账，继续呼吁警方介入依法严惩。

9月22日，北京市公安局官方微博通报称，苏某因变更车道与司机王某产生纠纷，双方在行车过程中均存在多项交通违法行为，行车人苏某泼洒液体经查为咖啡，造成王某视线受阻，严重影响道路交通安全。目前，朝阳公安分局已将苏某刑事拘留，公安交通管理部门已依法对双方涉及的交通违法行为作出行政处罚。9月30日，北京市朝阳区检察院以苏某涉嫌危险驾驶罪提起公诉。相关通报发布后，多数网民留言“大快人心”“干得漂亮”，表示期待判罚结果。

10月21日，北京市朝阳区法院以线上方式公开开庭审理此案，苏某涉危险驾驶罪罪名成立，被判拘役3个月。案件宣判后引发舆论热议。主流媒体肯定该案的警示意义和震慑效果。新华网客户端发文称，此判例具有标志性意义，希望“路怒症”行为纳入危险驾驶罪进行惩治的执法实践会越来越多。《新京报》刊文称，苏某获“实刑”是对“路怒族”的最强震慑，为全社会再敲安全警钟。不过也有不少网民质疑，为何不以危险方法危害公共安全罪重判。面对公众疑问，10 月 22 日，北京市朝阳区检察院办案检察官做客央视“新闻 1+1”栏目，详解定罪量刑依据，介绍危险驾驶罪与危险方法危害公共安全罪的区别，获赞“释法说理到位”。截至 10 月 22 日 12 时，相关新闻报道 3648 篇，微博 3.7 万余条，微信文章 3580 篇，“# 别车泼咖啡男子被公诉 #”“# 超速别车泼咖啡车主获刑 3 个月 #”等微博话题阅读量累计超 6 亿。

【舆情点评】

据公安部交通管理局数据显示，因“路怒症”引发的道路交通事故数呈逐年上升趋势，交通安全风险系数随之提高。因此，在个案中网民很容易带入受害者身份，对涉事车主行为大加谴责。该案发生后，现场视频画面冲击强烈，加上本地知名资讯博主的传播，舆情热度居高不下，给办案机关带来巨大压力。

值得称道的是，此次北京政法机关依法处置、有效引导，既赢得舆论认可又起到震慑效果，实现法律效果和社会效果“双赢”。一是抓住处置引导先机。舆情发酵当日，北京交警部门第一时间在爆料微博的评论区发声回应，表现出较强的舆情敏感度。随着现场视频的广泛传播，网络中开始出现“人肉”涉事车主、脑补事件起因等倾向，北京市公安局及时通报，还原事件全貌，给出初步处置结果，压缩网民非理性的遐想空间。另外，案件的司法流程也在加速推进，此案从发生到结束仅用时一个月，政法机关处置高效性令人惊叹，有理有据的判罚结果也回应了社会关切。二是掌握舆论引导力度。现实中，多数“路怒”行为因未造成严重后果而未受惩罚，使得一些司机少了对法律的敬畏，甚至违法而不自知。对此，法院用庭审直播的方式进行案件公开，并借助主流媒体以案普法，让公众充分了解案件定罪量刑的法律依据，利用全网关注的契机上了一堂生动普法课。总之，此次北京政法各部门协调配合，为快速介入网络舆情、取得舆论主导权提供经验借鉴。

（观察时间 2020 年 9 月 21 日至 2020 年 10 月 22 日）

16

# 黑龙江男子炫耀“包养幼女”惹众怒 警方及时处置

【舆情综述】

2020年10月17日，微博“大V”“@我是落生”爆料称，一名男子在境外社交媒体“推特”上通过账号“爱萝莉”（账号定位在黑龙江齐齐哈尔，自我介绍称“一个中年人的小号，记录包养干女儿们的生活”）炫耀包养未成年少女，自称有3个干女儿，其中一人20岁，另2人是未成年少女。此外，该男子活跃在一个疑似涉儿童色情的网络群组，该群有314名成员，均用中文交流，分享大量少女的大尺度私密照片等不良信息以及如何规避法律风险，同时群成员很谨慎启用了自动删除群消息功能。该爆料内容很快激起公愤，多数网民谴责该男子无耻行径，呼吁齐齐哈尔警方介入调查；部分网民关联韩国“N号房”事件，担忧该事件背后存在性侵幼童的黑色产业链；也有部分网民怀疑爆料内容的真实性。

10月18日，面对多家媒体询问，齐齐哈尔市公安局工作人员回应称，此事已由当地网安部门处理，具体情况正在核查。公安机关的正式回应进一步推高舆情热度。《法治日报》发文称，“真相尚存疑点，但无论‘包养’是否属实，这些大尺度照片和涉儿童色情网络群组的存在都是法治社会所不能容忍的，必须一查到底，绝不姑息”。舆论在关注事态进展的同时，围绕涉事男子的法律责任展开讨论，部分舆论认为，如果警方查实确有其事，该男子涉嫌强奸幼女、传播淫秽物品，应受到法律严惩；有法律人士表示，若涉事男子发布虚假信息，则属于故意扰乱网络公共秩序，公安机关可依法处以行政处罚。

10月22日，齐齐哈尔市公安局官微发布通报称，发文者为哈尔滨市某高校在读学生尚某某，其为圈粉营利，故意捏造“中年男子包养未成年幼女”的虚假信息，并持有大量境外网站下载的未成年幼女私密照。目前，尚某某已被移交哈尔滨市公安机关依法处理。网民为警方迅速破案点赞，同时严厉谴责涉事男子，呼吁依法予以严惩。10月23日，哈尔滨市公安局道里区分局通过官方微信号发文称，警方决定对涉事男子处以行政拘留15日的处罚。截至10月29日12时，相关新闻报道1573篇，相关微博9.5万条，微博话题累计阅读量5.3亿，微信公众号文章3594篇。

【舆情点评】

涉事男子在外网炫耀“包养未成年少女”，被微博“大V”“搬运”至境内社交平台予以曝光，很快点燃了网民怒火。面对此次网络爆料，黑龙江警方的反应速度和处置能力获得舆论认可。首先，作为爆料指向地的公安部门——齐齐哈尔警方及时回应舆论关切，表态称“已关注到此事”，并在介入后发布调查结果第一时间还原真相；随后，作为涉案人员所在地公安部门，哈尔滨市警方依法作出治安处罚，线上同步通报，令舆情很快得以平息。

近年来，多起涉及未成年人“性侵”事件相继在网络上曝光，情节骇人听闻、挑动舆论情绪，但经警方介入调查后，事情却发生反转，如“云南男子直播性侵幼女事件”“贵州毕节、凯里多名未成年儿童被性侵事件”等，这些博人眼球的恶意炒作行为严重扰乱网络公共秩序，影响极为恶劣。对于此类突发舆情，公安机关必须果断亮剑，快速介入、依法处置，及时还原真相，肃清网络环境。另外，此次舆情的传播路径系涉事者境外发推，信息回流至境内的社交媒体中，在国际舆论形势复杂的当下，这种“家丑外扬”的事件极容易被境外敌对势力利用，作为攻击我国人权和司法制度的借口。政法机关还需增强舆情意识，严守网络阵地，强化涉法舆情的监测、预警和研判，做到有力、有序、有效应对。

（观察时间2020年10月17日至2020年10月29日）

17

# 河南“玛莎拉蒂案”一审宣判 法院主动回应平息疑问

【舆情综述】

2020年11月6日，据河南商丘市中院官网消息，商丘市中院对永城“玛莎拉蒂追尾宝马车案”作出一审宣判，被告人谭明明犯以危险方法危害公共安全罪，被判处无期徒刑，剥夺政治权利终身；被告人刘松涛、张小渠均被判处有期徒刑3年，缓刑3年。3名被告人均当庭认罪，没有提出异议，有死者家属仍要求判处谭明明死刑。

在宣判前一日，上游新闻等多家媒体已发出预告，并根据“3名被告与3名受害方已达成民事赔偿协议”这一新进展，猜测谭明明等人或被轻判。因此，法院判决结果很快在舆论场上引起热议，多数网民不满法院未判处谭明明死刑，质疑谭家“花钱买刑”，并臆测谭明明将很快减刑出狱；另有律师解读称，谭明明案发时属醉酒驾驶，属于间接故意，因此法院予以从轻处罚。

该案自2020年1月6日首次在商丘中院开庭以来，判决一再被延期，部分舆论猜测与嫌疑人家属“运作”以及民事赔偿未达成一致等因素有关。其间受害者家属通过媒体透露“未收到任何道歉及补偿”“肇事者之一保外就医迟迟未收监”等细节，加上有自媒体不断起底谭明明“富二代”背景，激起网民对被害者家属的同情以及对谭明明的愤慨，追问审理法院“到底是案件复杂还是背景复杂”。

围绕舆论场泛起的新旧疑问，该案审判长在宣判后进行答记者问，回应公众关切。审判长表示，本案情节恶劣，法院判决参考了近年来类似案例裁判情况；谭明明属于间接故意犯罪，到案后能如实供述自己的罪行，且积极赔偿被害方经济损失，有悔罪表现，可依法酌情从轻处罚；由于案件双方当事人人数较多，诉求不一，政法机关进行了大量调解，加之疫情暴发，致使案件审理周期较长。法院在最后还提醒公众醉酒驾车导致的严重危害和面临的法律责任。此后，部分舆论转向关注谭明明服刑话题，并建议限制谭明明减刑。

截至 11 月 12 日 12 时，与该案相关的新闻报道 440 余篇，客户端文章 2300 余篇，微博 1.3 万条，微信文章 870 余篇。“# 玛莎拉蒂案死者母亲思儿过度离世 #”“# 玛莎拉蒂案死者妻子否认收到赔偿 #”“# 醉驾玛莎拉蒂司机获无期徒刑 #”等微博话题累计阅读量达 8.1 亿。

## 【舆情点评】

河南永城“玛莎拉蒂追尾宝马车”一案本来事实清楚，但谭明明等被告人的冷漠态度与死者家属的悲惨境况形成鲜明对比，在谭明明“富二代”身份的加持下，网民仇富心理和同情心得到最大程度激发，舆论呈现对死者及其家属一边倒的支持态势，导致舆情产生“长尾效应”，后续进展持续引发舆论追问。同时，由于法院迟迟未宣判，且未作出解释，一些网民将怒火转向审理法院，对司法公正产生怀疑。

值得肯定的是，商丘市中院一直对舆论场保持关注，相关引导工作令人称道。宣判前期，网传“谭明明父母‘拿钱买命’”等谣言，商丘市中院及时辟谣澄清，避免舆论被不实信息诱导，形成先入为主的偏见和误解；宣判期间，商丘市中院秉着公开透明的态度，同意当事人亲属、人大代表、政协委员、媒体记者及各界群众进行旁听，形成对审判工作的多角度监督，有效规避了网民质疑法院审理不透明的风险；宣判后，审判长接受媒体采访，结合谭明明为何未被判处死刑、法院为何迟迟未宣判等网民关切话题进行详细回应，重申法院依法依程序开展审判工作，展示法院坚持调解、注重人文关怀的理念，既冲淡了舆论场的质疑声音，又实现了“以案普法”积极效果。这种舆论与司法的良性互动，有利于培养全民法治思维，引导公众相信法律、敬畏法律。

（观察时间截至 2020 年 11 月 12 日）

18

# “打工人”“出圈”背后的现实困境

“打工人，打工魂，打工人都是人上人！”近日，“打工人”一词火爆网络，在全民参与“玩梗”的网络狂欢背后，“打工人”一词所蕴含的社会心态也成为舆论关注的焦点。

## 【流行】

“打工人”最早可追溯到2020年9月底B站博主“抽象带篮子”的一系列短视频。视频中，“抽象带篮子”眉头紧锁，并向观众竖起大拇指“早安，打工人！”引发网民二次创作热情。2020年10月20日，“早安打工人”登上微博热搜榜，网民创作的表情包、语录段子在微博、朋友圈疯狂刷屏，正式将“打工人”一词带入到大众视野。

观察发现，作为抽象文化的体现，“打工人”具有一些互联网娱乐化符号的共性：口号、顺口溜的表述方式适合情绪性的宣泄与狂欢；简明扼要的定义符合表情包、短视频等视觉化的传播方式；讽刺自嘲的逻辑内核适用于被娱乐化改编和具象化加工。以上种种，使其与互联网时代的大众偏好相契合，具有了火爆传播的特质。

## 【共鸣】

有媒体指出，“打工人”背后隐含着一个经济社会背景：网络社会的“中产化”。中产们对人生前景产生期待与焦虑，但他们的财富水平与收入，令其难以在面对挑战时云淡风轻。这些矛盾性情绪奠定了“打工人”流行的社会心理基础。

其一是对“白领生活”的幻灭。随着社会竞争加剧，职场上的压力性情绪也在普遍累积。公司所谓的高福利、激励性政策，成为资本剥削的另一种方式，高楼大厦的光鲜亮丽也不过是消费主义的另一种诱惑。巨大的心理落差感让工薪阶层们对“白领生活”产生幻灭感，意识到自己本质上和单纯体力劳动的“打工人”没什么区别。

其二是对职场压力的无奈。在各类段子中，与“打工人”对应的便是“有钱人”“老板”等称呼，“打工人”们通过不断强调和明晰身份上的差异，将自己和对方划入不同阵营。在内卷环境中工作的青年人面对同质化工作，自我价值感和获得感缺失，产生巨大的焦虑，而这种焦虑感又难以通过努力而改变，因为，“我不过是个打工人”。他们不堪忍受现状，只好借用有反精英、底层叙事与解构主义色彩的抽象文化来消解。

其三是“丧文化”下的自我安慰。此前上班族广为人知的说法是“社畜”，指的是“被公司当作牲畜一样压榨的员工”。相比于“社畜”，“打工人”则传递了更多正向情绪，与“丧文化”以及低欲望的“佛系”文化完全不同。微信公众号“镜像文娱”认为，“打工人”走红是青年群体在焦虑心态下的一种防御机制，以自嘲的方式为奋斗塑造一个保护壳，目的是找寻一个可量化和可接近的动因，如金钱。

## 【现实】

从“打工人”的流行过程来看，社交媒体的巨大整合能力和现实压力下青年群体对自我定位的清晰化，共同促进了“打工人”的身份合流。主流媒体及时介入舆论引导，将“丧文化”引向积极性解读，取得较为正面的效果。但也有舆论表示担忧，认为“打工人”娱乐化解读和商业化营销会模糊掉其本来面目，同时，过于强调群体而忽视个体差异的特质，则会“规避人们对现实问题复杂性的讨论”，消解对社会不公的“斗争能力”。

“打工人”的“出圈”与流行，在于其引起了当下公众的心理共鸣，而对该词汇的不同解读，恰好体现出群体心态的矛盾性，这正是有关部门需要加以关注和引导的。同样，“打工人”背后所蕴含的高压职场下个体话语权、自我价值感丧失等社会问题，也需要进一步推动和解决，正如《中国青年报》评论文章所称，“打工人”需要的是社会的倾听、理解与行动，而不仅是口头和精神上的“鼓励”。

（观察时间截至 2020 年 11 月 5 日）

19

# 政务官微运营“三忌”

近日，江西乐安县曾春亮故意杀人案持续引发舆论震动，当地公安被推上风口浪尖。而在舆情胶着之际，乐安公安的上级抚州市公安局官微“@抚州公安”工作人员与网民隔空“互怼”，制造了一波衍生舆情：面对网民的失职渎职、抓捕不力等质疑，官微小编回“怼”称“你亲眼所见民警没有作为？”“真诚希望更多群众加入帮我们抓捕逃犯”，并发微博称“不希望受到委屈和无端的指责”，引发质疑后又秒删微博……一系列“神操作”饱受网民批评。此事暴露出来的政务官微运营漏洞值得引起重视，法制网舆情监测中心认为，官微工作人员需注意三点禁忌，守住规范运营的底线，才能紧紧守住网络舆论阵地。

## 一忌借官微平台“打嘴仗”

这起重大恶性的刑事案件发生后，受害人家属通过微博曝光，让舆论有了警方渎职、不作为的负面印象，网民有不满情绪十分正常。此时，官微的正确打开方式应是克制而明确地陈述事实，透露警方接案后做了哪些工作、抓捕工作进展如何、遇到何种困难等，以此寻求公众理解。“@抚州公安”运营人员非但没有任何解释，反而言谈间阴阳怪气，官味、挖苦味十足，无形激化了公安与群众之间的矛盾。政务官微是政府部门为民服务的一种媒介渠道，虽然在与用户交往中呈现出一定的媒体化特征，但其政府部门的基本属性未变，舆论引导的职能仍在。这就需要政法官微运营人员当好官方的“传声筒”和“扩音器”，将官微变成面向群众、与百姓接轨的交流互动平台，而不是跟网民打嘴仗的地方。

## 二忌将个人情绪平台化

“怼”完网民后，“@抚州公安”小编还发布了一条“我很委屈”的微博，引来网民“抓逃犯不行，怼网友第一名”的又一波炮轰。其实从部门分工上来看，官微小编与侦办案件的民警可能确实并非同一人、同一部门，“无辜”被骂难免有怨气。但身为一名官微运营人员，其发布内容代表的就是官方立场而非个人的感受，平和讲理与责任意识是其应具有的基本舆情素养。在案件办理的紧要关头，“@抚州公安”官微小编以委屈诉苦的口气进行回应，严重把个人情绪平台化，不但抹杀掉公安部门已经作出的努力，矮化执法形象，也让舆论混淆了官方立场与个人网络言论的界限，将个人舆情引向单位，造成舆情扩大化。

值得一提的是，尽管相关微博内容和对话很快被删除，仍有不少网民将之截图保存下来，并在社交媒体中广泛传播。还有网民翻出2016年山东于欢案中“@济南公安”官微发布的“毛驴怼大巴”截图，将两者进行对比调侃。这种舆情现象再次证明，政法机关需正视并重视网络舆论强大的记忆能力，否则一旦出现类似事件，不论官方删得多 快或者时隔多久，舆论记忆总能第一时间被唤醒并且产生“反扑”，使之成为涉事部门挥之不去的污点。

## 三忌利用公权力挟私心、谋私利

在这波舆情中还有一个槽点，就是“@抚州公安”小编疑似点赞质疑其的网民微博，就是网称的“挂人”。近年来，政务官微公开“挂人”的情况也有发生，但多是针对口无遮拦，甚至涉嫌违法犯罪的网民。不过“@抚州公安”小编的做法非但没有得到支持，反倒被网民斥责为“权力的傲慢”。由此警示，官微的认证身份赋予了其非同一般的舆论影响力，运营人员更应懂得爱惜珍惜，如仅因为网民发表了针对自身的负面言论，就利用话语权优势发动舆论战，无异于挟私心、谋私利，只会侵蚀官微所在单位的公信力，最终失去舆论信任。

（观察时间截至2020年8月20日）

# 政策评估与工作反响

FAZHIGUANCHA

1

# 十三届全国人大常委会第二十一次会议聚焦多项热点法治议题

十三届全国人大常委会第二十一次会议于2020年8月8日至11日在北京举行。此次常委会会议共审议12件法律和决定草案，通过其中5件；听取审议5个工作报告和2个执法检查报告，听取1个专题调研报告；通过代表资格审查报告和人事任免案。据法制网舆情监测中心统计，自8月8日至8月20日12时，相关报道3万余篇，微博超4.6万条，微信文章2.5万余篇。其中，预防未成年人犯罪法修订草案二审稿、单独设立袭警罪建议、香港第六届立法会继续履行职责的决定、港澳律师可到内地9市执业的决定，是最受舆论关注和讨论的话题。

## 一、预防未成年人犯罪法修订草案二审稿讨论热度最高

2020年8月8日，预防未成年人犯罪法修订草案二审稿提请十三届全国人大常委会第二十一次会议审议。根据各方面意见，草案二审稿增加规定：国家加强专门学校建设，对有严重不良行为的未成年人进行“专门教育”，不再使用“收容教养”这一概念，将有关措施纳入专门教育并予以改进完善。近年来，未成年人恶性犯罪案件时有发生，涉案未成年人犯罪手段残忍、社会危害大，不断挑动公众神经。加之震惊全国的大连13岁少年杀害10岁女孩案相关民事诉讼在此期间一审宣判，未成年人犯罪治理话题与极端恶性案件的热度共振，使得草案修订内容引发广泛的关注，专门教育制度的功能定位等问题成为舆论焦点。微博舆论场上，“# 预防未成年人犯罪法修订草案二审 #”“# 拟对有严重不良行为未成年人专门教育 #”等话题阅读量累计超3亿。

1. 肯定专门教育制度立足实际、回应社会关切

主流媒体认为，专门教育制度契合司法实践需要，回应了公众关切和社会共识。《中国青年报》刊文称，“一些造成恶劣后果的案件中，施暴人因未达刑事责任年龄免于刑事处罚，引发公众质疑和不满。以专门教育矫治严重不良行为的未成年人，充分体现宽容而不纵容的司法理念，是对社会的积极回应”。《北京青年报》分析认为，降低刑事责任年龄有待进一步研究论证，实践中对涉罪未成年人的收容教养难以落到实处，导致犯罪未成年人处于无人监管状态，明确专门教育的法律定位并加以落实，可以解决对犯错“熊孩子”无法矫正的“空档”问题。《南方都市报》等媒体称，实施专门教育，既防止了“一关了之”的简单粗暴，又摒弃了“一放了之”的放任自流，体现了法治的与时俱进。多数网民表示支持，称“建好一所专门学校胜过建立十所监狱”。

2. 专门教育制度能否取代收容教养制度存争议

与会人员指出，收容教养存在缺乏专门场所、教育专门化不足、收容教养人数明显下降等问题。随着罪刑法定原则深入人心，草案不再使用“收容教养”这一概念，是历史的必然，符合法治进步方向。但是，多位与会人员认为，涉嫌严重刑事犯罪行为又尚未达到刑事责任年龄的未成年人宜专设矫治措施，建议保留收容教育制度的合理内涵并加以革新。全国人大常委会委员刘修文表示，收容教养制度是国际通行的做法，与劳动教养等已废止的制度在对象、法律依据上有着明显区别。全国人大专职常委、全国人大监察和司法委员会委员鲜铁可建议，将收容教养制度改为“矫正处分”，适用对象是涉嫌犯罪比较严重、父母没有监管能力、留在普通学校教育矫正没有可能的人员；全国人大常委会委员、全国人大社会建设委员会委员汪鸿雁建议，进一步明确收容教养制度的适用对象和期限，细化执行程序，规范矫治内容，完善监督程序，跟专门学校区别开。

3. 细化专门教育制度规定　增强透明度和可操作性

专业人士认为，目前草案内容在适用范围、执行机关等方面欠缺具

体明确的规定，建议完善相关配套制度设计。刘修文委员结合未成年人犯罪新特点，建议将学生欺凌行为、网络欺凌行为纳入不良行为范围，从重打击教唆、胁迫、引诱未成年人犯罪的成年人。北京市致诚律师事务所主任佟丽华认为，简单授权公安机关决定将涉罪未成年人送入专门学校，缺乏权力制衡和程序保障，建议由人民法院作出裁定，检察机关行使法律监督权。《光明日报》刊文称，专门学校的课程应体现特殊教育和矫治功能，同时依据教育对象的不同特点，设置差异化教育方案，合理设置教育期限。还有与会人员提出，通过适当降低刑事责任年龄、设立未成年人重罪审判法庭等，让严重恶性犯罪的未成年人得到应有惩处。

## 二、袭警罪是否单独入刑引起较大争议

8 月 10 日，公安部部长代表国务院报告公安机关执法规范化建设工作情况时，建议全国人大常委会在刑法修正案（十一）中单独规定袭警罪。《财新》称，这是公安系统对立法机关的正式表态。舆论分析认为，近年来因公牺牲、负伤的警察人数居高不下，其中相当比例是由暴力袭警引发，这也是单设袭警罪呼声高涨的原因之一。早在 2003 年全国“两会”期间，曾有 35 位全国人大代表提议在刑法中增加袭警罪，此后每年“两会”期间都有人大代表提出类似建议，但因存在不少反对意见，袭警罪单独入刑迄今未能形成共识。

### 1. 支持方：单设袭警罪可弥补惩戒不足的法律短板　有力维护法治权威

不少委员赞成增设袭警罪。全国人大常委会委员张苏军等人认为，袭击警察和袭击一般公务员完全不同，袭击警察不仅是对警察个人的侵犯，也是对国家权威、法律秩序的亵渎，单独设立袭警罪可进一步保障民警执法权益，更好地维护法治权威。部分专家认为，当前法律对袭警行为的惩处规定存在一定不足，如法定刑偏低，威慑效应不足；全国人大代表魏春曾也表示，现有刑法规定仅保护执行职务期间的警察，不包括非执行职务

警察和警务辅助人员，保护范围较小。

2. 反对方：专设袭警罪可能造成司法资源浪费、刑法打击面扩大等多重问题

反对观点认为，设立袭警罪牵一发而动全身，可能造成浪费司法资源、扩大刑法打击面、冲击立法体例等问题。中国政法大学法学院教授阮齐林解释称，我国现有关于妨碍执法、暴力袭警的法律条例较为完整，刑法已设立妨害公务罪，涵盖袭警行为，而且规定了对袭警行为的从重处罚。单独设立袭警罪，适用范围狭窄，难以避免法律上的“重复”。北京尚权律师事务所主任毛立新指出，实践中执法对象和警察拉扯、推搡或者发生一些肢体接触是比较普遍的现象，若将一些情节轻微、不适合以犯罪论处的行为纳入刑法调整范围，有违宽严相济的法律观。

## 三、会议表决通过的“两项决定”获舆论盛赞

### 1. 香港依法推迟立法会选举被评“合宪合法合理”

8 月 11 日，十三届全国人大常委会第二十一次会议表决通过《全国人民代表大会常务委员会关于香港特别行政区第六届立法会继续履行职责的决定》，明确 2020 年 9 月 30 日后，香港特区第六届立法会继续履行职责，不少于 1 年，直至第七届立法会任期开始为止。各界声音认为，在香港疫情防控形势严峻的背景下，全国人大常委会作出的决定合宪合法合理、符合国际惯例，为香港尽快战胜疫情提供了坚实保障。《人民日报》、新华社评论称，该决定出于科学防控疫情的需要，防止大规模人群聚集加剧疫情传播风险，同时避免了立法机关因选举推迟而出现“真空期”。中央广播电视总台（央视）评论称，此决定是保护香港市民生命安全和身体健康的正当之举，也是保障立法会选举安全和公正公平的必要之举，有利于“一国两制”行稳致远。“@ 来点石锤”等微博“大 V”称，推迟立法会选举基于公众利益和香港实际情况，不容外界诋毁和质疑。

香港各界、海外侨界、国际人士予以高度评价。全国政协副主席董建

华表示，推迟立法会选举是衡量过各种因素之后所作出的最合适安排。港区全国人大代表发表联合声明指出，生命高于一切，推迟立法会选举是保障市民健康的上策。中国在韩侨民协会总会总会长王海军称，一些西方国家一边推迟本国选举，一边对香港推迟立法会选举进行无端指责，这是赤裸裸的双重标准。日本庆应大学教授大西广表示，香港特区基本法规定立法会正常任期每届 4 年，但对于推迟选举所造成的空缺并无规定，中国全国人大常委会作出相关决定，既有科学依据，又有法律依据，是依法治国的体现。

2. 港澳律师可在大湾区执业　舆论期待互利共赢

8 月 11 日，十三届全国人大常委会第二十一次会议表决通过决定，授权国务院在广东省广州市、深圳市、珠海市、佛山市、惠州市、东莞市、中山市、江门市、肇庆市开展香港法律执业者和澳门执业律师取得内地执业资质和从事律师职业试点工作。粤港澳法律界人士一致认为，港澳律师可在大湾区内地城市执业，有助于港澳与内地法律界实现互利共赢。华商林李黎联营律师事务所执行合伙人王寿群指出，这一决定将有助于增强港澳律师对到内地执业的认同、对内地法律的了解，且内地庞大的市场将帮助港澳律师扩大执业范围。香港法学交流基金会主席、香港执业大律师马恩国表示，香港与内地律师擅长的方面不同，加强相互间的合作可起到“互补”作用，帮助国家更好地实现“引进来”和“走出去”。澳门法律工作者联合会副理事长、澳门城市大学协理副校长叶桂平高度评价称，粤港澳大湾区涉及两个法律体系及三个法域，港澳律师可在大湾区执业，将会消除制度衔接的障碍，加速粤港澳大湾区深度融合和高质量发展。

（观察时间 2020 年 8 月 8 日至 2020 年 8 月 20 日）

2

# 我国拟立法制止餐饮浪费掀起网络热议

据新华社2020年8月11日报道，中共中央总书记、国家主席、中央军委主席习近平对制止餐饮浪费行为作出重要指示，强调要加强立法，强化监管，采取有效措施，建立长效机制，坚决制止餐饮浪费行为；要进一步加强宣传教育，切实培养节约习惯，在全社会营造浪费可耻、节约为荣的氛围。习近平总书记的重要指示引起舆论高度关注，全民就如何抵制“舌尖上的浪费”掀起热议。主流媒体、业内专家等认为，总书记从粮食安全高度思考餐饮浪费问题，足见食物浪费潜在危害之大，更显示出在特殊时期应对保障粮食安全应未雨绸缪。

舆论指出，总的来看，我国现行法律中已有一些关于制止浪费行为的原则规定和要求，但在立法、执法等层面仍然存在现实问题。首先，国家层面反餐饮浪费立法尚属“空白”。中共中央党校（国家行政学院）教授戴焰军、北京东方美食研究院院长刘广伟等专家认为，虽然广东、江苏、重庆等出台了一些地方性餐饮浪费处罚办法、条例等，但地方立法的法律适用范围有限，难以在全国范围内产生约束力。随着餐饮浪费问题在全国范围内得到普遍重视，国家层面完善相关立法值得期待。其次，现有法律法规中的相关规定缺乏系统性。全国人大常委会法工委行政法室一级巡视员张桂龙表示，我国现行法律中关于制止浪费行为的一些规定过于原则性，且比较分散，系统性、针对性、集成性不强。中国生物多样性保护与绿色发展基金会曾发文指出，我国对于消费者如何节约粮食的宣传做得比较到位，但在其他环节，包括过度加工、物流仓储、销售和商品处理中，如何界定粮食浪费、如何惩治等并无系统规定。最后，执法约束性措施和惩戒机制缺失。中国科学院地理科学与资源研究所研究员成升魁建议通过法治发力，针对不同的个体多管齐下，对于消费者要推出惩戒制度，规范餐饮行为，惩罚浪费行为；对于餐饮企业要强化监管，采取有效措施建立刚性长效机制。

目前，全国人大常委会法工委决定成立专班开展相关立法工作。相关负责人表示立法规划已将制定粮食安全保障法列为一类项目，即“条件比较成熟、任期内拟提请审议的法律草案”，有关方面正在积极开展相关工作，在粮食生产、收购、储存、运输、加工、消费等各个环节强化管理，有效减少损失浪费；特别是在餐饮消费环节，积极倡导合理、健康的饮食文化，建立制止餐饮浪费行为长效机制。

纵观全球，已经有许多国家通过立法来遏制粮食浪费，其立法思路和具体细节可为我国提供借鉴参考。法国率先在欧洲发布专门法律禁止食物浪费。2016 年 2 月，法国通过了《反食物浪费法案》，禁止超市扔掉或销毁未售出的食物，必须将其捐赠给慈善机构或食物银行；超市和慈善机构签订协议之后，能获得捐赠 60% 产品价值的税收减免。如超市拒绝签订合约，将面临高达 3750 欧元的罚款。到 2019 年底，该项立法使法国食物银行收到的捐赠多了 20%，在全球范围内引发反食物浪费立法的连锁效应。此后，意大利推出了类似法规，重点是促进企业捐赠未售出的食品，每年约能回收 100 万吨食品。澳大利亚定下重要目标，表示到 2030 年将食物浪费量减少 50%。2017 年 6 月，挪威政府也与该国食品行业签署协议，约定将粮食浪费减少一半。在亚洲，韩日两国均推出法案提倡节约粮食、反对餐饮浪费。2013 年，韩国实施一项新政策，通过使用特殊的可生物降解袋子实施强制性的食物垃圾回收。2005 年，日本出台《食育基本法》，从儿童入手全面普及珍惜食物观念，并借助高昂和烦琐的厨余垃圾回收系统等“倒逼”人们不敢浪费粮食。2019 年 5 月，日本通过《减少食物浪费促进法案》，要求从食品生产、制造、销售及消费等各个环节减少浪费。

（观察时间截至 2020 年 8 月 6 日）

3

# 民间借贷利率新规引发高度关注

【舆情综述】

2020年8月，最高人民法院发布修订后的《关于审理民间借贷案件适用法律若干问题的规定》（下简称《规定》），确定了民间借贷利率的司法保护上限，即以一年期贷款市场报价利率LPR的4倍为标准。假如以一年期LPR3.85%计算，则民间借贷利率的司法保护上限为15.4%，较过去的24%和36%有较大幅度的下降。舆论肯定该《规定》的同时，争议也不断浮现，在后续实施过程中可能给司法机关带来不利影响和舆情风险。法制网舆情监测中心梳理相关舆论观点，并就法院、公安等部门可能面临的风险作出提示，以期对有关部门有所参考。

1. 积极意义：遏制金融犯罪　降低中小微企业融资成本

部分专业人士、企业家对修改民间借贷利率司法保护上限持认可态度，肯定新规的积极作用。北京大学国家发展研究院副院长黄益平认为，此举对于融资者与实体经济无疑是有帮助的，可以避免高利贷造成的债务恶性循环等一系列后遗症。全国人大代表、河南省新乡市糖业烟酒有限责任公司董事长买世蕊持类似观点，认为新规对于非法集资、非法吸收公众存款、高利贷等扰乱金融秩序的犯罪行为从源头上起到了遏制作用，对促进经济长期可持续发展起到良好作用。部分律师群体亦表示肯定，如深圳律师郑博恩表示，大幅度调整民间借贷利息，不仅让非法借贷行为的风险大幅降低，对于规范民间借贷行为也具有重要意义；广东律师李家宏也认为，此举有利于进一步降低中小微企业融资成本，激发中小微企业发展活力。

2. 可能影响：提高借贷成本　增加法院诉累和违法风险

媒体和专家关注利率降幅过大可能带来的多方不利影响。一是增加借贷成本。《中国经济周刊》报道指出，多位浙江小贷公司负责人表示，如果目前相关税费政策不变，企业将无利可图，手头的借贷业务可能逐步转入“地下”；还有民间借贷中介机构人员表示，民间借贷资金的出资方一旦出现观望情绪，民间借贷资金供给开始出现不足，借贷利率短期内就会出现上升趋势。二是增加法院诉累。西南财经大学法学院副教授廖振中指出，新规波及消费金融公司、小贷机构、银行信用卡等持牌金融机构，也没有体现“法不溯及既往”，这可能导致以前合法民间借贷借款人要求不予履行、修改合同甚至起诉主张返还在新规发布前已支付的利息，从而增加法院诉累。西南财经大学金融学院数字经济研究中心主任陈文则从现实出发分析认为，很多民间借贷纠纷是私下解决，严格的管制利率可能使民间借贷放贷人更多依靠非司法手段解决纠纷。同时，民间借贷的综合成本具有很强的隐藏性，这将刺激放贷人在息费更加不透明、贷后管理方式更加灰色化等方面做文章，让真实利率更难以监控。三是增加违法风险。《每日经济新闻》报道援引业内人士观点称，由于新规没有对还款方式进行规定，如果出借人钻漏洞，在还款方式上“挖坑”的话，可以在名义利率合规的情况下，做出实际利率达 70% 的高利贷。对外经济贸易大学公共管理学院教授李长安认为，利率降幅过大可能引发过度借贷行为，这不仅会诱发新的风险，还会打击民间借贷企业的积极性。

3. 意见建议：制定实施细则　积极推进相关立法司法工作

面对上述问题，专业舆论也提出了建议。中关村互联网金融研究院首席研究员董希淼表示，希望最高人民法院形成对地方法院的统一指导，减少因执行尺度不一给金融机构带来困扰。《每日经济新闻》引述众多业内人士观点称，希望后续能有进一步的实施细则，对还款方式、利率计算口径等进行详细规定，杜绝高利贷的出现。

财新网文章指出，当下中国民间借贷造成社会矛盾的关键并非源自高利率，而是由于法律与监管的缺失，对信贷机构、信贷行为规制不足，应积极推进“非存款类放贷组织条例”立法，在资格准入、监管许可、融资条件、违规违法处罚等方面作出明确细致的规定，将全社会民间借贷活动纳入法治轨道。同时，在法律完善前，应避免通过大幅降低利率等方式“一刀切”地消灭高成本民间信贷市场，而是加强对借贷者知情权、利率透明度、个人信息、隐私权等权益的保护，严打信贷欺诈、“套路贷”、暴力催收等恶性行为，引导民间借贷合法合规经营。《证券时报》的评论文章也认为，我国民间借贷中存在着借贷成本不透明、催收行为不规范、群体性逃废债等问题，亟待采取司法手段加以解决。

## 【风险提示】

日前，湖北宜昌、浙江温州等地法院已适用新规审理民间借贷、金融借款合同纠纷案件，相关判例对于类案审理工作具有重要参考意义，法院部门面临实体审判引发舆情引导双重压力。此外，对于可能转入“地下”的民间借贷行为，公安部门也可能无法置身事外，需及时“亮剑”予以制裁。

### 1. 类案不同判或引发标准不统一的质疑

针对新规实施之前借贷双方约定的超过 4 倍 LPR 利率是否支持、新法实施前已经支付的超额利息是否应该返还、小贷公司等持牌机构是否适用新规定等问题，该规定暂时没有予以明确，各地法院可能对类案作出不一样的判决结果。而法院是适用名义利率还是实际利率，还关系到民间借贷新规是否真正能够得到有效执行，因为即使名义利率合规实际利率也有很大操作空间。对此，基层法院在案件审理中需充分征求上级法院意见，同时参考其他法院判例，警惕因类案不同判而引发标准不统一等舆论质疑。

### 2. 民间借贷转入“地下”将增加打击难度

正如专业人士所言，如果民间借贷利率过低将挫伤借贷人员和机构的积极性，在中小微企业仍有强烈借贷需求的当下，民间借贷行为或转入

“地下”，至少将带来两方面的风险：第一，转入“地下”的民间借贷利率基本都超过了法定利率标准，按照法律规定，相关借贷行为属于违法，势必将纳入公安等部门的打击和监管的范围，处置尺度不当还会引发将民事纠纷刑事化的担忧和质疑。第二，民间借贷纠纷本身就有很多通过非司法手段解决，“地下”借贷行为或使影响社会稳定的因素增多。这要求相关部门在继续打击相关非法行为的同时，还需承担起引导民间借贷行为合规化发展的责任。

3. 最高人民法院及立法部门面临舆情风险

目前，新规在业界仍然有较大争议，随着进入审判流程的民间借贷案件增多，其中存在的问题和不足或更加显露。如浙江温州法院审理的一起案件引发较大争议，金融业内人士认为，银行是经金融监管部门批准设立的从事贷款业务的金融机构，不适用于新规，温州当地基层法院不应该根据新规进行裁定。此外，新规对于金融行业、小微企业的发展是否有益，也会在接下来的一段时间内得到显现。可以预计，在新规没有完善前，争议或许会一直存在，尤其是当司法判例公布之际，相关讨论会再度涌现。对此，最高人民法院作为出台新规的司法机关，后续如何应对调整备受专业人士关注，如发布指导案例或者进一步完善细化相关规定。对于媒体提出的“法律与监管缺失”“对信贷机构、信贷行为规制不足”等长期存在的问题，立法部门也需予以重视并主动作为，切实推进相关法律体系的完善。

（观察时间 2020 年 8 月 20 日至 2020 年 8 月 31 日）

4

# “两高一部”发布正当防卫认定新规

**编者按：**2020年9月3日，最高人民法院、最高人民检察院、公安部联合印发《关于依法适用正当防卫制度的指导意见》（下称《意见》）。《意见》对准确把握正当防卫的起因、时间、对象条件等，提出了十方面规则，强调要准确理解和把握正当防卫的法律规定和立法精神，对于符合正当防卫成立条件的，坚决依法认定，切实矫正“谁能闹谁有理”“谁死伤谁有理”的错误倾向，坚决捍卫“法不能向不法让步”的法治精神。同日，最高人民法院还发布7起典型案例，旨在统一全国司法裁判标准，进一步推动正当防卫的正确适用。近年来，一系列涉正当防卫案件广受关注，引发大量舆论讨论。此次“两高一部”出台《意见》，可谓回应民意期许，获得了普遍肯定。法制网舆情监测中心重点梳理了《意见》出台后的舆论情况，为《意见》更好施行提供建议。

## 【舆情概述】

近年来，涉正当防卫案件常常引发广泛关注，尤其是在一些重大典型案例中，媒体、学者以及公众对此类事件的密集关注和讨论，持续推动“正当防卫”话题在舆论场中的高热。这种现象的产生，主要源于长期以来正当防卫制度在中国司法实践中贯彻执行的效果不理想。而正当防卫制度得以被真正激活，与检察机关和人民法院近年来处理的几起热点案件有关，如山东于欢案、昆山“反杀案”、南京赵宇案、河北涞源“反杀案”等。2019年，最高人民检察院陆续公布一批正当防卫指导性案例，对正当防卫制度适用作出指导。此次，“两高一部”出台的《意见》，是司法制度建设层面再进一步的重大举措，可谓是众望所归。

总体来看，国内舆论对于此次《意见》的出台反映积极，普遍持赞赏态度，认为《意见》不仅会对解决司法实践中的突出问题起到指导作用，为司法机关侦办、起诉、裁判相关案件提供了指引，还为公众释明了疑惑，让更多人有底气、有勇气制止和反击不法行为，对保护正当防卫和见义勇为者的合法权益、树立社会正气起到积极作用。《意见》公布之后，9月7日发生了重庆城管暴力执法被反伤的舆情事件，多数舆论认为摊贩出于“正当防卫”，呼吁依据新规准确定性。截至9月10日12时，相关新闻报道内容1164篇，客户端文章8738篇，微信文章5459篇。微博话题“#正当防卫认定新规#”阅读量近2.5亿次。

## 【舆论观察】

综合来看，舆论对于此次《意见》出台，大致有点赞、解读和建议三方面态度。

### 1. 点赞：肯定新规社会正义价值

《意见》出台之后，舆论纷纷给予正面评价。有媒体从司法进步角度展开评论，央广网评论认为，以往法律对于正当防卫的认定过于保守，所以出现了一系列本来应该认定为正当防卫或防卫过当的案件没有被认定，《意见》是在鼓励大家依法正当行使正当防卫的权利，运用法律武器与不法行为作斗争。头条号“光明日报”文章称，司法实践中个别案件存在“和稀泥”“各打五十大板”的现象，只要造成对方轻伤以上后果的就各自按犯罪处理，模糊了“正”与“不正”之间的界限，《意见》对此加以纠正，表明法律不容“和稀泥”的态度。

头条号“尚法新闻”文章高度赞扬《意见》出台，认为《意见》规范了正当防卫的认定和自由裁量权，以制度化确保公民正当防卫权，符合社会文明进步趋势，契合公众的价值观和道德观，也是对司法正义和社会正义的积极维护，必将促进社会秩序安定和谐。《济南时报》评论称，此次《意见》对“正当防卫”“防卫过当”等公众极为关注的热点话题进行了细致入微的解释、说明，从具体的操作来看，也极具针对性，涉及抢夺方向盘、非法入侵住宅等方方面面，让曾经一直难以落地的正当防卫条款被激活。

2. 解读：聚焦《意见》亮点内容

法律学者、专业人士则更关注此次《意见》的亮点，并作出多层次解读。北京师范大学法学院教授卢建平指出，《意见》以“政策文本 + 指导案例”的方式，有助于准确依法适用正当防卫这样备受社会关注又极具适用难度的刑法制度。他指出《意见》具有四大亮点：一是导向明确；二是分类指导；三是聚焦问题；四是注重情理法的交融，更加注重防卫人境遇。中国社会科学院法学研究所刑法研究室主任刘仁文从立法平衡的角度进行解读，认为《意见》作出的条件设置，既明确地捍卫了正当防卫者的权利，同时也对以正当防卫之名滥用防卫权的行为进行了遏制，让两者之间达到了平衡。企鹅号“姜成慧律师”的文章进一步指出，新规再一次明确，认定防卫过当应当同时具备“明显超过必要限度”和“造成重大损害”两个条件，缺一不可。

《泉州晚报》的解读也受到较多网民关注，文章总结了《意见》有两大亮点：其一，“法不能向不法让步”的司法理念贯穿始终。《意见》将防卫的范围扩大了，防卫时间延长了，为一些见义勇为的行为作出法律上的明确评价。其二，进一步释放了“法不强人所难”的善意。《意见》充分考虑防卫人面对不法侵害时的特殊紧迫情境和紧张心理，按照社会公众的一般认知，依法作出合乎情理的判断，真正实现法律效果与人民群众对公平正义的一般认知有机统一。

3. 建议：探讨《意见》落地方向和难点

《意见》出台顺应民意，如何要让公众敢用、会用、善用这一武器，切实捍卫自身权益、免受不法侵害，成了舆论最为关切的焦点之一。人民网评论文章从宏观角度指出，“避免认定失当，也要于法有据、于理应当、于情相容。坚决主持公平正义，严惩暴力违法，震慑侵害他人犯罪，努力让每一起判决经得住公众考量，符合人民群众对法治的期待，实现法律效果与社会效果的有机统一”。澎湃新闻的社论则从更细致的操作层面入手，讨论“如何认定正当防卫和防卫过当”。文章指出：“不能仅凭双方死伤结果，也不能脱离现实地照搬法条，应结合具有一定社会常识和社会经验，具有朴素正义观、善恶观的公众的正常认识，来加以判断。相关人员在办案时，不妨将自己设定为事发现场的围观群众或当事人，结合生活经验判断，避免裁定陷入‘悬浮’。”搜狐号“恒都法律研究院”从律师工作角度提出建议：一是深入研读《意见》，在办理的案件中充分运用，最大限度地维护当事人的权益；二是在面对类似的新闻热点时，应该保持理性和专业，客观分析问题，理性发表观点，避免“舆论干扰司法”。

部分媒体表示，“徒法不足以自行”，新规发挥作用还需多方努力。如《北京日报》评论称，就眼下而言，舆论对相关案件的具体划分、处理方式还有一些追问，需要有关部门进一步解读，讲透法理、情理，给某些想“钻空子”的人以震慑，也鼓励公众拿起法律武器保护自己。《法制时报》文章强调要从司法实践中将各项规定落在实处，在涉正当防卫案件中，各环节工作人员要秉持客观公正的法治立场，准确把握罪与非罪的界限，坚决杜绝各种形式的“和稀泥”，以此强化全社会对法律的信仰。

（观察时间 2020 年 9 月 3 日至 2020 年 9 月 10 日）

5

# 平台经济反垄断新规出台<br>各界热议“强监管”时代

2020年11月10日，国家市场监管总局就《关于平台经济领域的反垄断指南（征求意见稿）》（以下简称《意见稿》）向社会公开征求意见。《意见稿》主要实施对象为平台经济领域经营者，包括平台经营者、平台内经营者以及其他参与平台经济的经营者。国家市场监管总局表示，《意见稿》是为预防和制止平台经济领域垄断行为，引导平台经济领域经营者依法合规经营，促进线上经济持续健康发展。

时值“双十一”前夕，《意见稿》迅速引发市场关注和舆论聚焦。舆论普遍认为，当前互联网平台巨头利用其数据垄断地位，形成不正当竞争关系，不仅造成“二选一”“搭售”“大数据杀熟”等现象，还对创新型微小互联网企业进行“扼杀”，因此平台垄断治理成为刻不容缓的任务。自《意见稿》发布后，大量业内专家、权威媒体发布解读文章，并就新规完善提出建议。截至11月20日12时，相关的新闻报道达9213篇，客户端文章29240篇，微博讨论量11万余万次，微信文章9697篇。

【解读】

多数舆论关注《意见稿》的意义和作用，并从立法、执法和行业等五个层面切入，深度解析《意见稿》将对平台经济发展可能发挥的作用。

一是加速反垄断法的规范建设。业内专家普遍对新规的反垄断法治作用给予高度评价和肯定。如中国政法大学民商经济法学院教授焦海涛指出，反垄断法的法律规范比较原则、抽象，甚至有些内容还未加规定，《意见稿》一方面细化了反垄断法的内容，使之更能适用于平台经济领域，如明确了相关市场界定的作用、市场支配地位的认定因素等；另一方面还规定了反垄断法未明确提及但在平台经济领域又较为常见的垄断行为或其表现方式，如“算法合谋”、“轴辐协议”、最惠国待遇条款，涉及协议控制（VIE）架构的经营者集中、针对初创企业的并购等。

二是体现惩戒手段的多样性。新规对平台垄断行为的惩罚方式是舆论关注较多的内容之一，《中国经营报》评论认为，对平台经济垄断行为的惩戒手段，包括剥离有形资产、无形资产或剥离相关权益等结构性条件，开放网络或平台等基础设施、修改平台规则或者算法等行为性条件。这意味着，未来国家市场监管总局可以依据新规，对情节严重的平台经济体进行业务或资产分拆剥离，可以运用新规所赋予的执法强制性，要求平台必须无条件开放基础设施、关键技术等。这对于违法平台经济所带来的代价是非常沉重的，因此监管方也就具备了足够的执法威慑力。

三是清晰界定出相关重要概念。部分媒体还肯定了新规对于明晰法律定义的重要性，澎湃新闻文章认为，将平台经济定义为“由互联网平台协调组织资源配置的一种经济形态”，明确平台经济领域垄断协议，“主要是指平台经营者、平台内经营者排除、限制竞争的协议、决定或者其他协同行为”，并区分“平台经营者”“平台内经营者”“平台经济领域经营者”等主体。如此，有利于有的放矢规范平台经济，规制垄断行为，实现“精准给药”。

四是体现出数字经济的执法智慧。部分舆论从执法能力建设方面予以肯定，凤凰网评论指出，这是中国首次尝试界定科技行业的反竞争行为，也将从根本上改变互联网公司在中国的竞争版图。官方进行控制和加强监管的背后，是每个人的利益所在，也是数字经济综合发展的智慧考量。此次反垄断新规之所以造成如此大的震荡和影响，是因为这是国家市场监督管理总局首次直接打击互联网行业的反竞争行为，是监管部门迈出遏制国内科技巨擘垄断力量的第一步。

五是外媒认为互联网巨头将面临严管。部分外媒关注监管部门对市场和行业可能带来的影响。英国路透社评论认为，互联网巨头将面临更加严格的监管，不过实施新指南并不容易，因为垄断做法通常以一种非常难以捉摸的方式进行，故此较难找到具体证据采取行动。

【建议】

部分专家学者、业内人士以及媒体围绕如何遏制平台垄断行为提出建议，主要聚焦在法律细化、监管调整等层面。

其一，法律层面仍需细化。《北京青年报》评论称，数据垄断是目前平台经济领域最大的垄断行为之一，《意见稿》对此涉及不多，多数平台主要是靠垄断数据来融资获利，但反数据垄断可能存在一些争议，难度不小，需要反垄断指南和反垄断法作出更合理、更有针对性的规范。上海正策律师事务所律师董毅智认为，对平台经济垄断行为的根治是个动态的过程，没有任何法律规定或者指南能够解决所有问题，但趋势是好的，后续还会有相关的配套法律规定出台，对平台“二选一”等顽疾有一个更好的解决方式。

其二，监管制度也需调整。有专业观点指出，国家对于数据的监管需更新和跟进，尽快形成监管合力。北京盈科（杭州）律师事务所严哲瑀表示，意见稿对于利用算法、技术手段、平台规则实施等难被发现的违法行为进行明确规定，这对于“二选一”的问题有震慑作用，但是对于利用算法、技术手段等方式实施的隐蔽违法行为，如何有效取证，还是摆在监管面前的难题。《南方都市报》评论认为，现实中还有很多技术性问题要解决，尤其像大数据滥用是新的问题，因为其强烈的技术属性，监管也需要作出相应的调整。《中国经营报》评论表示，目前国务院反垄断机构涉及国家市场监管总局、国家发改委、商务部等多个机构，因此，如何通过新规，推进多个职能主体的高效协同执法，还需作为牵头起草该新规的国家市场监管总局提出更多配套性举措，从而尽快强化监管合力。

其三，平衡监管和创新关系。针对部分舆论对监管收紧可能遏制行业创新的担忧，《光明日报》评论指出，抑制基于技术创新所形成的市场垄断，会否会反过来限制住“独角兽”们的示范效应，会否抑制平台企业以外的潜在创新者的创新冲动，都当潜心观察。在异军突起的平台型企业垄断市场的负面效应并未充分展露，且此效应在可控范围之内的情况下，不妨“让子弹多飞一会儿”，以容形成鼓励技术创新与抑制市场垄断的平衡之策。

【点评】

当前，平台经济已经成为我国经济发展的主流模式之一，大型互联网平台依靠数据资源优势和海量用户信息，并依此形成规模效应，获得了丰厚的利润，也衍生出形形色色的问题，给社会生活带来困扰的同时，也成为执法司法难点痛点。平台经济的发展已经进入“深水区”，在全球加强平台监管的大趋势下，我国的反垄断监管已经势在必行，此次《意见稿》的出台可谓顺应时代发展趋势，为合力监管平台经济领域的垄断行为提供了明确指引，有助于维护互联网经济的公平竞争和有序发展。从舆论反响来看，社会各界都对文件的出台表示出期许之意。不过，部分行业专业人士担心《意见稿》能否起到敲山震虎的效果，并建议后续需从具体执法层面对新规予以贯彻落实，通过明确执法细则弥补之前威慑力不足、适用不清等问题，促进平台经济竞争的规范化运行，形成我国互联网经济健康有序发展的新格局。

（观察时间截至 2020 年 11 月 19 日）

# 域外观察

FAZHIGUANCHA

1

# 美国拟推出“经济繁荣网络”计划

进入2020年以来，受新冠肺炎疫情影响，欧美等西方国家宣扬其防护物资等“依赖”中国，可能对国家安全产生影响。为减少这种所谓的“依赖”，美国开始提高供应方的多元化和本土化，促使制造业回流本土。为此，美国“经济繁荣网络”计划应运而生。该计划由美国牵头，联合日本、澳大利亚、新西兰、印度、韩国和越南等发起建立，试图通过协调规划减少对中国的依赖，覆盖范围涉及商贸、投资、能源、数字经济、基础设施等多个关键领域。

“经济繁荣网络”计划是美国经济战略走向霸权的新体现。中国国际经济交流中心美欧所首席研究员张茉楠解读称，美国的经济战略突出“美国优先”理念，并以“霸权逻辑”取代“市场逻辑”。“经济繁荣网络”计划正是这一战略走向的新体现，是美国基于新冠肺炎疫情影响下的全球产业及供应链格局制定的，战略目标是“去中国化”，构建由美国主导的新经济联盟和新的全球产业链、供应链、价值链。

“经济繁荣网络”计划一旦布局实现，会对中国防范化解产业链风险提出新的挑战。中国国际问题研究基金会研究员曹世功等专家学者分析认为，在当前复杂多变的国际政治经济局势下，美国、日本等国政府表示支持本国企业回迁产业链或加强本国产业保护，势必给全球产业链稳定带来新的影响，且影响不再是短期和局部的，可能发生工厂迁移、零部件断供、国际贸易停滞等问题。对于已经在承受国内外疫情带来的现实经济冲击的中国来说，外部环境的恶化将对中国产业链的布局和发展带来很大挑战，进而对国内扩大内需带来制约。同时，疫情冲击也会对国内的最终消费、产业链的投资需求带来相应的影响，反过来制约供给侧。

舆论对美国“经济繁荣网络”计划能否顺利推动持不同看法。持乐观态度声音表示，中国在抗击疫情中展现的体制优势，让外资企业看到了中国经济增长和产业链稳定的发展前景。从纯粹的经济因素来衡量，依赖中国市场进行销售、依赖中国产业链进行生产和研发的跨国公司，短期内大幅迁出的可能性不大，即使迁出也需要时间。另据美联社报道，虽然一些国家正在极力促进本国企业迁出中国，但几乎无人响应，原因与迁移成本有关。持谨慎态度声音表示，那些认为计划还没满月、不具备影响力和杀伤力的看法，是缺乏警惕的。例如，拟参与这一计划的国家已开始每周举行副部长级电话磋商，讨论重启经济和重塑多边供应链。这验证了“经济繁荣网络”计划绝非临时起意。而计划附带的“逢中必反”前置词，使与中国经贸关系及人文纽带紧密的日韩等成员国陷入选择困境，一旦作出战略误判或不合时宜的选边站，不仅有悖于本国在华企业意愿，还将损害投资形象乃至对经济造成直接伤害，损害深化中日韩自由贸易协定和东亚一体化合作的愿景。

（观察时间截至 2020 年 8 月 20 日）

2

# 欧美数字贸易规则博弈加剧

随着近年来数字贸易的快速发展，数据安全、跨境数据流动等敏感问题逐步引起了各国担忧。为赢得主动权，各国均试图创设符合自身利益的数字贸易规则体系，但分歧明显。值得注意的是，这些分歧在全球经济下行、贸易保护主义盛行的背景下正被逐渐引爆，可能形成若干对立的利益集团，争夺数字贸易主导权。

欧美作为全球数字贸易治理体系的引领者，正积极抢占国际数字贸易规则主导权。一是美国组建数字贸易规则联盟，企图主导数字贸易国际规则。美国近年来试图从双边、区域和全球三个层面扩大自身数字贸易规则理念的影响。2017 年以来，美国分别在 APEC、WTO 等场合提出“跨境数据自由流动”“非强制数据存储本地化”等数字贸易规则主张。2018 年，美国主导达成《美墨加贸易协定》，首次将数字贸易单独列章，将其核心诉求“扩大数据流动自由化程度”纳入协定。2019 年，美日签署《美日数字贸易协定》，再次升级美国促进数据自由流通等核心诉求，形成高级“美式模板”。

二是欧盟以保护隐私为核心制定规则，着力为域内数字贸易企业带来竞争优势。欧盟在数据保护方面较为严格和保守，并强调区域内数据自由流动。2015 年，欧盟委员会正式启动《数字单一市场战略》，以期通过消除成员国之间的法律和监管障碍，实现数据资源域内自由流动。2018 年，欧盟出台《通用数据保护条例》，增强了对域内个人数据的保护以及在出境流通时的保护。2020 年，欧盟为推动《数字服务法案》的制定，发布《数字服务新发展》研究报告，提议建立与欧盟政治价值观配套的网络防火墙，限制国际互联网服务。欧盟一方面重视域内数据自由流动，另一方面严格管理数据出境、拟限制国际互联网服务等，显示其期望通过数字贸易规则为域内科技企业带来竞争优势。

围绕数字贸易规则构建，美欧等国的立场和取向存在明显分歧，未来全球数字贸易规则博弈将越发激烈。一是数字隐私与保护标准难以达成共识。目前，全球尚无统一的与数据隐私及保护相关的法律条文，不同国家、不同行业间关于数字保护的法律大都从本国的核心利益和贸易政策出发，具有明显差异。美国数据跨境流动政策主要由贸易利益驱动，认为各国在公民隐私保护方面迥然不同的政策，有可能会形成非关税贸易壁垒。欧盟更多是从个人权利保护角度考虑数据流动，实施了世界上最全面、最严格的隐私权保护标准。

二是数字贸易政策逐步分化，数字领域的贸易壁垒延伸至整个经贸领域。目前，在数字贸易呈现战略性竞争、具有垄断支配地位的数字企业日益引发全球关注的背景下，不少经济体正在追求分化的数字贸易政策，加剧了国家之间因政策不同而引发的紧张局面。例如，2018 年，欧盟委员会发布立法提案规定，欧盟成员国均可对境内互联网业务所产生的利润征税，并计划在 2020 年前达成一套全球性“数字税”解决方案。2019 年 7 月，法国参议院正式通过数字税法案，计划对谷歌、苹果、脸书和亚马逊等 27 家互联网巨头征收 3% 的数字税，引发美法激烈对抗。美国随后启动 301 调查，威胁对法国进行报复性税收惩罚。

（观察时间截至 2020 年 8 月 19 日）

3

# 多国扩张数据法域外适用

多年以来，欧美等国家地区利用自身的法律制度优势和数字技术优势，通过管辖权的扩张，加强了数字立法的域外适用，率先在全球推行其数据治理理念。在此背景下，我国参与全球经济活动时，将不可避免面临欧美国内法域外适用的情况，可能对我国数据主权、数据利益以及我国企业的国际经贸活动带来挑战。

欧美以不同的立法目的与思路，分别确立了域内数字立法的域外适用。欧盟方面，欧盟《一般数据保护条例》（GDPR）第 3 条规定了该条例的管辖范围，当判断一项行为是否应接受 GDPR 的管辖时，需要综合考虑数据主体、数据处理实体、数据处理行为性质等多个要素。不过，第 3 条的立法语言与思路宽泛，造成不论数据运营实体是否在欧盟境内、数据主体是否为欧盟公民、处理行为是否发生在欧盟境内，都有可能受到 GDPR 的管辖。美国方面，与欧盟立法出发点不同，美国为了扩张数据主权管辖范围、加强域外执法便利性、提升数字领域国际竞争力，于 2018 年发布了《澄清域外合法使用数据法案》（CLOUD 法案）。该法赋予了美国政府执法权，用于调取本国企业在境外存储的数据信息，同时也允许“适格的外国政府”反向获取保存在美国的数据，但“适格”标准有严格的限制，达标与否主要取决于美国政府的态度。

综合来看，欧美数据立法域外适用具有以本国利益为核心推行数据强权、建立复杂程序限制他国数据主权等特征。一是完善内部数据立法，为域外适用奠定基础。欧盟通过制定 GDPR 规则，平衡了各成员国数据保护的差异，统一了欧盟内部数据保护环境，建立统一的欧盟数据保护的法律环境，并由此奠定了将管辖权扩张到域外范围的法律基础。美国早在 20

世纪 90 年代就开始制定数据治理相关规则，形成较为完整的数据治理体系，为数据法域外适用奠定了基础。1998 年，美国发布《保护美国关键基础设施总统令》，以行政命令的方式强调对数据主权的关注；2001 年，美国颁布《爱国者法案》，大幅提升对企业和公民个人的信息监控和管制；2003 年，美国颁布《网络空间安全国家战略》，正式强调数据流动监管的必要性和重要意义；2018 年，美国发布 CLOUD 法案，明确规定了美国政府境外获取数据的权力。

二是以本国利益为核心，立法推行数据强权。美国 CLOUD 法案允许美国政府在满足条件的情况下从世界上任何地方调取所需要的数据信息，不需要数据信息所在国的同意。欧盟在数据跨境流动管辖中，以保障欧盟公民利益为重心，给他国跨境收集欧盟内数据信息设置障碍。欧美数据立法域外适用的扩张极大地保护了本地区的数字产业，也加强了政府对数据的控制力、监管力，从而推动欧美数据主权优势进一步扩大。

三是建立复杂的程序障碍，限制他国数据主权主张。虽然欧美在某些形式上建立了跨国数据执法的平等渠道，但难以保证实际操作中的公平。例如，美国数据治理措施在适用上对他国存在明显的程序歧视，从 CLOUD 法案条文来看，涉及美国获取外国境内数据的条款并不多，需要满足的条件较为简单，但外国政府调取美国境内数据资料的条文数量明显增加，法案规定了详细的限制条件。可见，借助 CLOUD 法案，美国获取境外数据拥有了法律基础，数据主权治理效率大大提升，而外国政府获取美国数据却程序烦琐复杂、难以实现，法案限制他国数据主权管辖的特征十分明显。

对此，中国政法大学教授孔庆江等专家建议，我国应加快完善国内相关数据立法，对他国数据规则的域外适用进行阻断，保护国内数据主体权利，适当限制数据跨境流动。一是加快国内数据立法，强化数据主权治理。当前欧美利用保护个人隐私、提高数字经济国际竞争力等，推动数据立法域外适用强行获取他国境内数据资源的情形越发严峻。对此，我国下一阶段应加快数据主权战略的顶层设计，围绕中国的数字产业发展和政府对数据的控制力，开展涉及数字问题的宏观布局，形成中国数据主权战略的框架和法律体系。

二是拓宽国内数据立法的域外管辖范围。从欧美立法来看，数据治理管辖权扩张是一种全球趋势，各国都试图建立各种连接点，对域外的数据进行掌控和管辖。我国现有的《网络安全法》《电子商务法》等涉及数据治理的立法，仅规制了数据在中国境内的治理，相关立法必须尽快考量国际交往中的数据流动问题。因此，我国在《个人信息保护法》《数据安全法》等相关数据立法上，应通过管辖权条款来赋予中国执法、司法机构域外管辖的权力，从而全面维护我国的数据利益。

三是适当阻断外国法的域外适用。欧美数据问题的单边性保护措施成为两个强权集团单方面推行其法律理念及原则、迫使被制裁国改变行为模式的一种工具。对此，我国需考虑开展同样或类似立法、执法，阻断外国法律对中国的适用。例如，当欧美根据其国内法要求我国企业提供掌握的数据时，我国可根据《网络安全法》对数据进行本地化保存的要求，拒绝跨境转移。再如，欧美可能对我国采取基于数据保护理由的歧视性管辖措施，我国可在《个人信息保护法》《数据安全法》中提前考量相关情形，并进行规制。

（观察时间截至 2020 年 8 月 19 日）

# 4

# 太空互联网安全:“星链”计划的战略谋划

2015 年 1 月，特斯拉创始人埃隆 · 马斯克宣布了美国太空探索技术公司——SpaceX 的卫星互联网服务计划。SpaceX 计划将约 1.2 万颗通信卫星发射到轨道，并从 2020 年开始工作。这一项目被命名为“星链”（Starlink），可以在全球范围内提供低成本的互联网连接服务。

从 2018 年 2 月 22 日，SpaceX 发射了其卫星互联网项目首批测试卫星，开始搭建由约 1.2 万颗卫星组成的太空“星链”，预计 2025 年最终完成部署，为地球上的用户提供至少 1Gb/ 秒的宽带服务和最高可达 23Gb/ 秒的超高速宽带网络。据马斯克透露，推出卫星互联网服务需要投入约 100 亿美元资金。2019 年 10 月底，有报道表示，除了这 1.2 万颗卫星之外，马斯克还计划多增加 3 万颗卫星，使得太空卫星总数达到 4.2 万颗。

虽然马斯克一再宣称将“星链”打造成“全球卫星互联网”提供商，使用于更多民用场景，但是“星链”计划远不止民用商用这么简单。尤其是 2020 年 6 月，SpaceX 宣布与美国军方达成协议，使用“星链”卫星群为美国陆军进行通信测试，美国空军和陆军已经在积极探索应用，未来或有数万颗卫星支持作战。考虑到军方介入以及美国“棱镜门”事件，“星链”计划对太空互联网信息安全的重要意义不言而喻，或许美国从一开始就基于国家战略层面进行布局。本文从 4 个方面进行分析：

## 一、构建天基互联网的雏形

根据 SpaceX 递交的“星链”计划，1.2 万颗卫星分别分布在 340 千米、550 千米和 1150 千米 3 个低轨道。目前，SpaceX 一直宣传，未来“星链”组网将为全球互联网服务欠缺地区提供互联网接入服务，并为城市地区提供“有价格优势”的宽带服务。但是，从长远来看，SpaceX 真正要做的是在太空中重建互联网。换言之，“星链”计划实际上是在搭建一个天基互联网，以卫星为基站，形成覆盖全球的通信系统，“卫星网络、全球 WiFi”。通过天基互联网，处于地球上任何地点的人或者物体都可以在任何时间实现信息互联。

从这点来看，“星链”计划的战略意义重大。有数据显示，目前全球仍有 35 亿人不能上网，7 亿人没有通信服务，全球仅有 5% 海洋面积和 20% 的陆地面积覆盖了地面通信基站，大部分网络的连接来自陆地和海底光纤电缆，但这些基础设施的铺设受限颇多且成本极高，导致有些地区的互联网接入率极低。天基互联网在空中布设卫星，可覆盖全球每一个角落，解决互联网接入问题。一个卫星基站覆盖的半径大约是 4G 基站的近 500 倍，且可服务终端数量巨大。同时，“星链”在长距离传输有巨大优势，它可以跳过传统互联网光纤的拖累，依靠太空中“星链”卫星间的通信，直接把数据传输到地球背面的卫星。

## 二、低空卫星轨道的排他计划

目前全世界的卫星总数大概有 2000 颗，比较大型的星座，像 GPS、北斗这种导航星座，一般有 30 颗左右的卫星就能协同运转，剩下大部分卫星在单打独斗。但是“星链”计划则是搭建 4.2 万颗卫星的大星座，是目前在轨卫星数量的 20 倍，是人类已经发射过航天器数量的 4 倍。其他称得上巨型星座的项目一般规划是几百上千颗卫星。

全球卫星的轨道可以分为高、中、低轨 3 个区域，低轨通信卫星的主要活动范围距离地表 300 千米到 1200 千米，这片区域的好处是能提高信号强度，并且降低信号延迟。值得注意的是，高轨和中轨这两个区域目前资源已经非常稀缺，特别是地球同步轨道，而低轨领域也将面临这种挑战。“星链”计划开始后，SpaceX 每次申报都是上千条轨道，而国际卫星分配轨道的原则是“先申报先使用”和“后来让先来”。换句话说，“星链”

只要轨道申报成功，即便卫星还没发射升空，别人也无权再使用了，后申报项目也不能与之前申报项目产生冲突。如此一来，低轨区域里几乎将被“星链”卫星轨道布满，不但意味着低轨轨道资源越来越稀缺，类似的项目想要规避“星链”轨道也将变得越来越难，而且要付出更多的额外成本。可以看出，“星链”计划另一个目的在于，通过大批量的卫星上天来占领低空轨道，进而遏制其他国家的太空事业发展。

## 三、5G 网络建设的替代方案

“星链”计划提供的网络带宽比过去的卫星通信能提高 2—3 个数量级，可以达到 5G 网络的水平。按照马斯克最初的设想，“星链”的网速最高可以实现 1Gbps，是目前平均网速的 180 倍。当前使用的 4G 网络延迟在 20ms 以上，而 5G 网络的理论网络延迟是 1ms，实际使用可以保证在 10ms 以下。从最新的数据来看，“星链”已经能做到 20ms 以下的延迟，优于现在的 4G 网络，未来很有希望将延迟降低到 10ms。

一旦“星链”达到或接近 5G 的延时，其巨大优势就会凸显出来。5G 最重要的应用场景是和物联网终端的场景化应用，可以为自动驾驶汽车、无人机、无人船等提供低延迟卫星网络基础连接服务，实现随时随地联网，即使在山路、高速、国道、乡路等没有普通信号的地方。同时还可以增强汽车导航能力，为机载、车载定位终端提供更加精准可靠的位置服务。

据相关机构测算，到 2035 年，5G 将拥有价值高达 12 万亿美元的市场规模。高通分析师也预测 5G 手机数量将迅速增长，或将超 1.75 亿台。基于 5G 标准的低轨移动通信星座可向全球提供天基 5G 服务，并与地面 5G 网络透明连接，为地面 5G 基站提供数据回传等服务，让用户无感切换天地 5G 网络。由此联系到，近年来美国反制华为，打压中国在 5G 领域的科技优势，很大可能是将发展“太空互联网”作为弯道超车率先进入 6G 时代的策略选项之一。

## 四、争夺未来信息上游的主导权

从过去几年的信息发展来看，世界多数国家围绕网络信息主导权的争夺越来越激烈。而具有“星链”这种全球通信能力的低轨卫星网络，是一个争夺信息主导权的强有力工具。而一个横跨全球范围的通信星座，将会掌握航空、航海，甚至物联网等多种应用，几乎囊括和掌握了全球数据交换的规则制定权，这才是“星链”计划最具威胁的地方。因为在信息时代，掌握了数据“金矿”就是掌握了一切。可以预见，像“星链”这样巨型低轨通信星座很可能是未来一系列“黑科技”的基础设施。

其中最不容忽视的应用场景就是军事方面，世界大国都在发展全球打击能力，想要实现只能依赖卫星网络作为基础，而“星链”计划恰恰提供了切入点。密集的卫星通信网络将是指挥无人机最好的解决方案，也是导航的最佳备份系统。2020 年 1 月 3 日，美国操纵无人机杀死了伊朗少将苏莱曼尼。这背后离不开通过卫星网络实现的高速全球通信能力。同时，“星链”这种低轨道卫星距地面更近，会大大增加卫星所搭载的光学传感器的分辨率，使其能够在更高的地理精度下拍摄照片，相当于是 4 万多个永远挂在空中的侦察机。

此外，通信星座还可能成为未来金融的全球性基础设施。2019 年，脸书宣布了一项基于区块链技术的数字货币项目 Libra。按照这个项目的愿景，世界上只要能够连上网的地方，就可以跨越国境使用 Libra 数字货币进行交易。如果可以通过卫星便利地连接到互联网，一些有恶性通胀国家的人们，可能有很大倾向抛弃本国不断通胀的货币，去使用基于全球网络的数字货币，这就大大降低了货币国际化的成本。

5

# 2020 年美国大选“法律战”分析

截至 2020 年 11 月 12 日，据美联社等多家美国主流媒体统计显示，特朗普共获得 214 张选举人票，拜登共获得 290 张选举人票。按照以往惯例，获得 270 张选举人票即可宣布获胜。拜登已于美国当地时间 11 月 7 日晚向全国发表胜选演说。但与此同时，现任美国总统特朗普拒绝承认总统选举结果，指控民主党在选举中舞弊进而操纵选举。一时间，美国民众“有人欢喜有人忧”，有的地区的拜登支持者上街庆祝，也有的地区的特朗普支持者上街抗议。

11 月 10 日，特朗普宣布正式发起竞选诉讼，对拜登胜选的六个关键州提起相关起诉。作为对特朗普的支持，目前共和党正试图筹集至少 6000 万美元，以支持特朗普提出的法律诉讼。共和党内的实权派——美国参议院多数党领袖麦康奈尔拒绝承认拜登胜选，还表示“特朗普总统百分之百有权调查有关违规行为的指控”。美国司法部长威廉·巴尔在一份备忘录中则授权美国联邦检察官，在各地选举结果核准之前，就大选投票违规行为中的“实质性指控”进行调查。当地时间 11 月 11 日，佐治亚州宣布将对该州近 500 万张总统选票全面重新计票。

越来越多的迹象表明，此次美国大选正在走向“法律战”态势。大选的分歧不但使法定结果充满不确定性，还将由此引起美国的“宪政危机”，加速美国社会撕裂。因此，梳理此次“法律战”的来龙去脉，对揭示美国民主选举制度的虚伪本质、明晰美国大选的后续走势十分重要。

## 一、“选举舞弊”的指控角度

在美国大选进入“法律战”阶段后，特朗普所指控的“选举舞弊”的具体情形逐渐浮出水面。根据媒体披露和特朗普选举团队、律师公布的选举舞弊案例，有自媒体文章梳理了“选举舞弊”指控的三方面内容：

第一，选举人身份作假的问题。例如，选民注册本来是由有选民资格的美国公民才能投票，但特朗普一方指出，在选举过程中，投票工作机构不严格审查投票人身份信息，这样可能造成死去的没有立即注销户籍身份的人被用来投票，或者一个人到几个州去投票。更有媒体宣称，美国2020年注册选民1.3亿多，结果投票总数达到了1.5亿多。

第二，现场投票和邮寄投票的争议。特朗普一方坚持认为，11月3日后邮寄的选票无效。因为，现场投票一个人投一张票，作弊的可能性较小，但是邮寄投票可能存在一个人代替多人邮寄选票。例如，父母代替外出孩子投票或者邮寄人替本社区人邮寄都会出现，但被代替投票的人未必支持被代投的候选人。

第三，选举设备和软件程序的问题。与前两个问题涉及人为因素不同的是，这个问题更多的属于高科技层面。按照特朗普团队的说法，选举伊始特朗普处于领先，到了凌晨3点钟以后，机器突然异常，拜登选票爆发式增长超越了特朗普。他们认为是软件公司的人用技术手段操控了选票，理由是美国选举用的设备和软件是民主党操控参众两院时启用的。美国时政网站《市政厅》（Townhall）等媒体报道也指出，密歇根州、佐治亚州部分县均出现因计票软件故障导致计票错误和更新软件导致投票设备故障的情形。

对于这些“选举舞弊”的指控，参议院多数党领袖麦康奈尔支持特朗普，称其完全有权利将对选举欺诈和透明度的担忧诉诸法律。然而，白宫前副幕僚长罗夫认为，特朗普必须证明存在系统性选举欺诈，让数万张非法选票作废才有机会“翻盘”，但目前为止还没有证据能证明这一点。

## 二、特朗普对六大关键州的“法律战”策略

截至目前，特朗普团队相继在六大选举关键州采取了诉讼行动。综合

美国彭博社等媒体报道显示，主要有以下四种法律战策略：

一是通过诉讼叫停或阻止对选举结果的审核认证。在宾夕法尼亚州和密歇根州两个州，特朗普阵营以没有获得足够多机会观察选票的点票程序为由，要求州联邦法院叫停对该州选举结果的审核认证，同时声称在部分地区存在选民欺诈现象。

二是以选票不真实为由提起诉讼。特朗普团队在位于佐治亚州查塔姆县的州法院提起了诉讼，声称无效的“迟到”选票与有效选票混在一起。

三是以选举权被剥夺为由提起诉讼。特朗普团队在亚利桑那州发起诉讼，声称该州人口最多的马里科帕县多达数千名选民被剥夺了选举权，原因是投票站工作人员引导他们按下投票机上的绿色按钮，导致他们丧失投票资格。

四是以选票为“非本州居民投出”为由发起诉讼。在内华达州，特朗普团队指控称有 1 万多张选票是不再居住于该州的人非法投出。有报道指出，这些争议性选票多为美国军方驻海外或外州人员投递。

对此，曾在小布什政府任职、现任加州大学伯克利分校法学教授的柳约翰（John Yoo）分析认为，特朗普完全有权利尝试并要求所有州确保投票结果，但这些法律诉讼看起来都胜算不高。其认为，特朗普不仅要推翻一个州的选举结果，还需要乔治亚州、亚利桑那州和宾夕法尼亚州的选举票发生重大变化，出现 1 万至 2 万张选票的差异，但这种可能性微乎其微。

早在 2000 年美国大选期间，共和党候选人小布什在佛罗里达州向民主党候选人戈尔发起诉讼，围绕部分不合规选票问题展开了长达 1 个月的法律攻防战，并最终胜出赢得当年大选。可以看到，此次特朗普竞选团队以“选举舞弊”为理由在多个关键州展开“法律战”，其目的是希望能够复制此前“布什诉戈尔”案例的判决，让联邦最高法院介入并作出有利于共和党的裁决。然而，美国联邦最高法院介入 2000 年政治选举，本身就存在很大争议，被指违背三权分立与制衡的宪政原则。同样地，现在的美国联邦最高法院虽由保守派主导，如果介入此次诉讼，而且是介入多个州的选举诉讼，势必也会招致“司法干涉政治”的反对和批评，无助于改变美国现阶段社会分裂与政治极化的趋势。

从根本目的来说，特朗普团队宣称的邮寄选票问题、身份作假问题、软件设备问题，其着力点并非选票问题本身，而是打着所谓选举公正和民主的名义，通过司法手段使选民对选举制度失去信任，在线上掀起舆论攻势，在线下煽动狂热的支持者发动骚乱，以此达成其拖延大选进程寻求转机或其他意图。根据目前发展态势来看，即使拿不出任何证明选举存在欺诈的实质性证据，特朗普团队仍将以提起诉讼形式，不停向关键战场州施压，要求重新计票。尽管在巨额票差的前提下，特朗普很难改变现状，但伴随着“法律战”和“舆论战”的升级，美国民主制度的系统性、结构性问题得到更多暴露，让全世界更加彻底地看清美国政治和社会的内在缺陷，并由此深刻反思美国政治不确定性带给世界的风险。

（观察时间截至 2020 年 11 月 12 日）

6

# 解密美国如何利用社交媒体操纵政治选举

2020年美国总统大选引发了世界舆论对“选举操纵”话题的关注，其实，“选举操纵”并不是新鲜话题，早在2008年美国出版的《如何操纵选举：一个共和党选举操盘手的忏悔》一书中，便赤裸裸地揭示称“操纵选民就是美国竞选活动的精髓”，书中揭露的伎俩包括用争议性话题挑动“群众斗群众”、用推手民调抹黑特定的候选人、用谎言扭曲真相从而定义选举对手、控制选举资金以迫使选举人站队等。在十余年后的当今，在大数据和人工智能算法的加持之下，世界范围内的“选举操纵”变得更加普遍和隐秘。无论在美国或巴西等国的总统选举中，还是英国脱欧公投中，都隐现出机器影响和操控选民决策的身影，尤其是在社交媒体平台上。本文尝试以美国大选为引子、以社交媒体为切入口，探秘政治选举活动的四种惯用操纵手段。

## 一、精准目标定位

社交媒体平台的匹配和定位技术被广泛运用于广告以及宣传中，通过跟踪用户的在线行为，平台算法可以创建用户的个人资料，并描绘出用户画像，用于向特定目标群体提供建议或信息。在政治选举活动中，平台算法将社交活动转化为在线量化数据，实时跟踪和预测分析潜在选民的动向，尤其是大数据算法可以比以前更快速、更具体地分析和聚集用户的个人资料。

美国媒体福克斯新闻频道曾有一句关于选举的名言：“我们必须向每一位选民提供真正能触动他们的信息。”此说法深刻揭示了当前政治选举操纵活动的真相：找到需要针对性推销的选民、了解选民关心的内容、需要对这些选民说什么以及如何准确地影响他们。数据表明，现在各类选举宣传信息比以前更能影响选民观点和选举意向，主要是通过针对相同或相似类型的目标人群发布操纵性信息，这些针对性信息能够很好影响有某些“潜在倾向”的选民。比如，社交媒体平台可以进行选民人格分类，并通过他们的使用数据，如他们朋友的名单，他们阅读或观看的内容以及购物、写作等在线行为来预测其偏好。

社交媒体平台还可以通过“跨域跟踪”，获得更多数据量来提高预测的准确率。“跨域跟踪”是指通过从平台用户在其他网页上的活动收集数据的行为，如 Facebook 可以从没有 Facebook 账户的人那里收集数据，这样就可以跟踪用户阅读了哪些报纸的应用程序或网页以及文章、访问了哪些政党或候选人的个人资料、停留了多长时间等。

## 二、传递虚假信息

发布虚假信息是政治选举操纵中最惯用的手段。通过社交媒体进行分享，可以对选民选举行为产生更加深远的影响。由于社交媒体中用户之间彼此的黏性和圈层，相较于传统的新闻报道，选民更容易相信并吸收社交媒体中关于目标候选人的宣传，并受其影响。例如，在 2016 年美国大选期间，部分选民正是因为收到了“教皇方济各支持特朗普”的相关虚假信息，才被诱导为特朗普投票的。而这则假新闻实则来源于一个名为“Schaedel”的政治讽刺网站，被选举团队获得并组织散布，以赢得潜在教会选民的支持。

另外，虚假信息也可以左右部分处于摇摆状态的选民，即使这些信息接收者并没有完全相信信息为真，也可能受到情感上的潜在影响或心理上的轻微推动。有研究显示了英国脱欧期间社交媒体的作用。在英国脱欧公投之前，一则虚假信息在威尔士公民中被广泛传播，它声称欧盟将为超过 7000 万土耳其人敞开大门，这吓坏了很多本来不支持脱欧的公民。此外，投票期间，“脱欧派”在所有社交媒体平台上的活动都比“保留派”活跃得多，那些充满感情煽动性的信息被大量用户共享，并且吸引了很多不确定态度的选民。

## 三、平台故意诱导

社交媒体“剧透”使用算法来检查搜索结果，并减少某些帖子的影响，这种选举操纵的方式早已轻车熟路。比如，在 2020 年美国总统选举期间，Google 将通过其搜索引擎分享关于选举的“有用信息”，通过谷歌地图将选民引导到投票地点；“提醒”选民重要的选举日期，通过 YouTube 传播总统辩论，使用预览功能在选举当天“报告”初步结果。这些看似为选民提供服务的行为背后，其实早已经加成了不同算法，对选民进行心理暗示。

时间追溯到更早的 2018 年，Google、Facebook 等被指利用算法操纵墨西哥的总统选举。当时，“左派”候选人奥夫拉多尔（Andr é s Manuel L ó pez Obrador）在民意调查中一直保持了两位数的绝对领先优势。然而，选举期间 Facebook 却计划从它的信息流广告中减少来自新闻的“政治帖”，以减少对奥夫拉多尔的评价正面帖子以及批评其对手国家行动党候选人的发帖频率。同时，Facebook 针对穷人阶层和年轻选民用户减少了选举相关的政治新闻推送，因为根据数据分析，这些人是最有可能投票给奥夫拉多尔。此外，谷歌地图可能“小故障”或“意外”发送不正确的投票地点、距离、行程等信息给准备投奥夫拉多尔的选民，令选民的投票计划落空。

## 四、操纵图片视频

一般而言，网民都倾向于相信图片和视频的证据，然而图片和视频也越来越容易被操纵。现在，人工智能仅使用一个输入视频即可创建逼真的视频，这种技术被称为“深度伪造”，并且普通人很难分辨和意识到这不是真人说话。“深度伪造”技术能够搅浑舆论场，经过“深度伪造”的视频借助病毒式传播手段快速扩散，即使有关产品在中途遭到封杀，仍然有可能在极短时间内造成剧烈社会影响。有专业研究人士指出，“深度伪造”技术还可根据用户偏好，有针对性地向特定目标推送加工过的合成视频内容，塑造和加深标签用户的价值观和态度，诱导其放弃区分事实真相的意愿。

目前的实践表明，语音失真和虚假视频已经被用作对抗政治对手的数字武器。根据美国智库布鲁金斯学会的报告显示，“深度伪造”技术不仅在歪曲民主言论，而且削弱了民众对整个公共机构的信任。2020 年世界经济论坛相关报告同样指出，在选举中“深度伪造”技术已经成为一种武器，语音和视频操纵被用来诽谤政客并影响数百万人。首先，恶意的行为者可能会伪造证据，助长了虚假指控和虚假叙述，如通过对候选人发表的原有言语进行微妙改变，使其品格、健康状况和心理健康受到质疑；其次，“深度伪造”技术还可用于创建全新的虚拟内容，包括有争议的发言或仇恨言论，目的是操纵政治分歧议题，甚至是煽动暴力。如 2019 年 1 月，加蓬军方发动了一场未遂政变，在这场政变之前，军方发布了一条伪造出来的视频，暗示总统身体状况不佳，无法继续任职。

社交媒体的选举操纵直接与各国政治利益密切相关，其背后可以看到隐藏的“操盘手”。2020 年出版的《美国、俄罗斯和一百年的秘密选举干预》一书中揭示：近几十年来，在大多数外国选举中进行干预最多的国家是美国，干预次数为 81 次；其次是俄罗斯（包括前苏联），干预次数为 36 次。在 2020 年备受瞩目的美国总统选举中，相关选举操纵指控也不时被曝出。如 2020 年 5 月份，科技巨头微软宣布了其“保护”美国选举免受干扰的解决方案，并将之命名为“Election Guard”。该系统被吹捧为“旨在使投票更安全、更便捷、更高效”，并已经被半数的投票机制造商和一些州政府采用。实际上，“Election Guard”由微软与一家私人军事和情报公司共同开发，后者是位于波特兰的网络安全公司 Galois，“最近从五角大楼的国防部高级研究计划局（DARPA）获得了 1000 万美元的资金”。进一步追踪发现，这家所谓的“私人”公司其实就是 DARPA 在私人网络安全行业的延伸，美国国防部是其唯一的投资者。

（观察时间截至 2020 年 11 月 12 日）

# 《政法舆情》产品升级说明

尊敬的《政法舆情》读者会员：

感谢您对《政法舆情》的信任和厚爱！

《政法舆情》是由法治日报社法制网舆情监测中心推出的内部参阅性资料，是研判政法舆情热点和趋势、分析舆情应对得失的智库类电子产品。《政法舆情》每周一期，供会员网上阅读（一会员一密码）。

应广大会员“保存资料”的要求，我们将从2020年下半年开始**向会员赠阅图书——《法治观察》**（原《政法舆情观察》，现更名为《法治观察》），**每月一本**。会员服务费仍为每年1980元整。

此外，2020年下半年我们将对《政法舆情》产品进行升级，提升会员阅读体验。

**1. 浏览更加便捷**

（1）登录法制网阅读。

网址：http://yuqing.legaldaily.com.cn/opinion/index.php/login/

二维码：

（2）下载法治日报客户端“法治号”阅读（2020年10月上线）。

（3）关注微信小程序“政法舆情”阅读（2020年10月上线）。

**2. 内容更加丰富**

（1）政法舆情危机应对典型案例。

（2）舆情处置策略得失分析。

（3）政法领域网络舆论生态、舆情发展特征的趋势性分析和前瞻性研究。

（4）新媒体运营技巧等。

**3. 提升阅读体验**

（1）增加培训课件。

（2）增加舆情听书。

（3）增加案例小视频等。

再次感谢您长期以来对《政法舆情》产品的关心和支持，您有任何问题和建议请联系我们。

联系人：何佳君

电　话：010-84772595

邮　箱：fazhiwangvip@163.com

法制网

2020 年 8 月